小西玲太朗
Ryotaro Konishi

君が迷っている間にも世界の誰かが成功していく

While you are debating, someone in the world will succeed

あさ出版

ぼくらは何事にも縛られず

好きなように
思いのままに

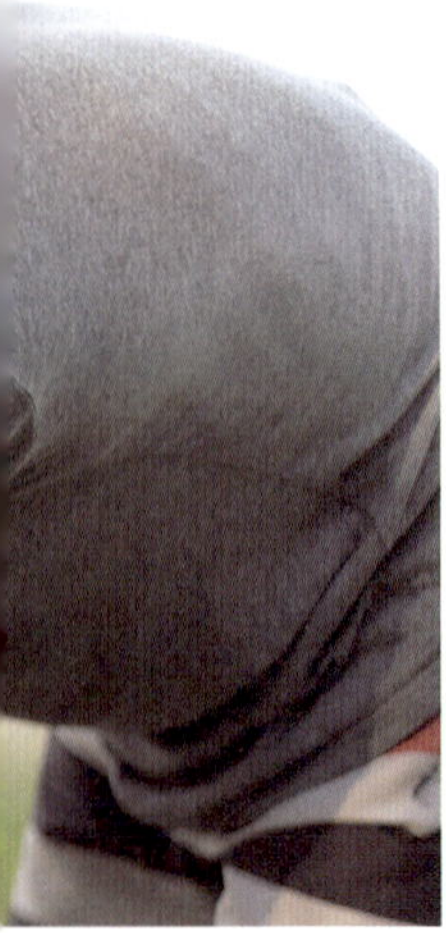

自らを表現し

多くの仲間と共に

そして、多くの人に支えられ

未来へ向かって、
力強く歩いて行く……

自由を求めて

はじめに

僕は今、自由です。

自由とは器《うつわ》です。己の欲求に対してそれ以上に広い選択肢を持ち合わせている状態を指します。アレもしたい、コレもしたい、そのどれもを精神的にも物質的にも満たせる連続的な状況をいいます。

プール付きの大きなお家に住んで、家族も愛犬も何不自由なく幸せに暮らしてほしい。たくさんの仲間と熱狂できるエキサイティングな仕事で、世の中に価値を生み出したい。アーティストという職務をまっとうし、創作活動や発信活動を通じて新たな文化を創造し得る価値観を提案したい。

そんな未来を描いていた僕は、振り返ればそのどれもを叶えていました。

今ではは東南アジアきってのリゾート地であるタイのプーケットに、家族と愛犬と共に約1000㎡のプール付きの大きなお家に住んでいます。

社会人としては年商30億のグループカンパニーのオーナーを務め、プーケットには2400㎡のアトリエ兼事務所を持ち、グループカンパニー全体では約200名の仲間を雇用し、共に社会に価値を生み出すために動き回っています。

日本には代官山・渋谷・湘南の3か所に活動拠点も持っています。

アーティストとしてはグラフィックやペインティングで賞をいただいたり、アートイベントを主宰し、世界で小さいながら興行もスタートしました。

音楽では2018年7月、PAYFORWARDとしてデビュー。

新人としては異例の渋谷ジャックやテレビ出演をはじめ各メディアで大々的に取り上げていただきました。

それでも舞い上がることも一切なく、地に足をつけて一歩一歩積み上げて世界に名を刻むため、一分一秒を噛み締めて生きています。

こうして華やかな部分を切り取れば一見順風満帆のように見えますが、実は紆《う》余曲折《よきょくせつ》、悪戦苦闘の毎日が、今の僕を創っています。

アーティストとして世界を変えたい。

そのための人生をまっとうしたい。

10代で自らの人生の行く末を決断していました。けれども何ひとつうまくいかない。

バンド活動のための時間と資金を獲得するため、手に職をとフリーのグラフィックデザイナーになるも、借金ばかりが膨らみ続け、ホームレス生活を1年半以上続けました。

デザイナーとして軌道に乗り出したと思えば、バンドが解散。諦めず、音楽をやるために音楽活動をいったん休止して事業を学ぼうと、与沢翼さんの会社へお誘いを受け、取締役として創業メンバーに加わりました。

約半年で副社長に昇進し、1年半後には会社は年商15億円までの規模に成長を遂げていましたが、あるきっかけで喧嘩別れをしました。

すべての信用とリソースを失いながらも起業。お金がないのに数千万円の莫大な支払い予定額が襲ってきました。本当に泣いてばかりの毎日でした。周囲にも八つ当たりばかり。そんな日々を経て今の僕があります。


これまでの歩みを見てわかるように、自分には〝生きるセンス〟がないなと思っていました。何事も遠回りをしてきたし、センスや才能がある人たちに追い抜かされてばかりでした。

それでも最後にはすべてをひっくり返すつもりでいたし、今でも新たな挑戦の幕開けにはそんな経験を思い出して背筋をピンと伸ばすようにしています。

いつだって何だって、最後にはすべてをひっくり返せると信じています。

なぜなら〝自由〟ってヤツは、求めることをやめない諦めの悪いヤツが大好きだからです。


僕はアートを通じて、音楽を通じて、本書を通じて、あなたに諦めの悪いヤツになってほしいと思っています。

〝自由〟を手にするために、自由を求め続けて妥協なしに挑戦し続けろと鼓舞したい。

僕の活動のひとつ、ミュージックアートプロジェクト「PAYFORWARD」は、映画『ペイフォワード（Pay it Forward）』に感銘を受けて、つけたものです。2000年に公開された作品で、主人公である11歳の少年トレバーは、社会科の授業で「もし自分の手で世界を変えたいと思ったら、何をする？」という先生の質問に、「ペイフォワード」を提案します。

「ペイフォワード」とは自分が受けた思いやりや善意を受けた相手に対して恩返し（ペイバック）するのではなく、その相手に返す代わりに、別の3人の相手に渡すというものです。誰かに親切にしてもらったら、違う誰かに親切にしてあげる。トレバーの小さな行いは、小さな町に影響を与え、やがては世界でムーブメントとなっていきます。

今の僕の自由は、関わってきたさまざまな人々の善意によって成り立っています。本書では、僕がこれまでの人生で学んできたことから、人生を自由に生きるためには何をすべきか、僕なりの解答を提示しています。

読者のみなさんにとって、本書との出会いが自分の人生を生きるきっかけになったなら、それは僕からのペイフォワードです。

そんな奇跡が起これば嬉しいです。

小西玲太朗

第3章

お金と信用について

第4章 才能で生きるために

第5章

世界を変えるための挑戦

第1章

幸福な世界を求めて

01

明日の世界を、少しでも幸福にしたい

誰かに施しを与えるのではなく、自分が主体となって、世界のためにできることをする。それで世界は変わる。

一瞬でつながる世界の中で

僕が現在、さまざまな活動をしているのは、究極的には「明日の世界が、もう少し幸福になったらいい」と思っているからです。

現在は、SNSで世界の友人や知人、ビジネスパートナーとも一瞬でつながることができる反面、戦争の生々しい動画や、暴力や飢餓、貧困など世界中のネガティブな情報にも簡単にアクセスできます。

そうしたものを「見なかったことにする」のが、僕は苦手です。なんだか自分が見殺しにしているような気になってしまうのです。

幼少期の正月、わが家では、母方の祖母の家に親戚中が集まって、新年の挨拶をすることが習慣になっていました。お年玉をもらったり、おせち料理でもてなしてくれて、温かい記憶でいっぱいですが、ある日、みんなでタラバガニの脚をボキボキと折って食べているのを見て、どうしてもかわいそうになり泣いてしまいました。

そうして泣き疲れて眠り、朝起きると、祖母がタラバガニの身だけをほぐして取っておいてくれました。僕は結局、それが何かよくわからない状態で食べたのですが、とてもおいしかったという記憶が残っています。

少し大きくなって、おいしかったあの食べ物がタラバガニだと知った時、あれほど残酷だと泣いたのに、自分の認識にない状態だと平然と食べられるという矛盾は、一体何なんだろうと悩みました。

それ以来、物事の裏にある真実を、できる限り知った上で、さまざまなことを判断したいと思うようになりました。

小学生の頃、スイミングスクールに通っていましたが、カナブンがひっくり返って手足をバタバタさせているのを目撃しました。

遅刻するのは嫌だったからいったん通り過ぎたけれど、「見ちゃったしなあ」と気になってしまって、やっぱり引き返し、カナブンを木につけてから猛ダッシュしました。

このように、昔から、見てしまったら何とかしないと気持ちが悪いという性格です。夜、歯を磨かないで寝るのが気持ち悪いと感じることと一緒かもしれません。そうした原体験は僕の脳裏にずっと残っていて、それが現在の「世界をよりよくしたい」という思いにつながっています。

世界に目を向けてみると、アメリカのミレニアム世代（1980〜2000年代初頭生まれ）において、「効果的な利他主義」という新しいムーブメントが起きています。このムーブメントに関しては『あなたが世界のためにできるたったひとつのこと〈効果的な利他主義〉のすすめ』（ピーター・シンガー著、関美和訳／NHK出版）で詳しく述べられています。

「効果的な利他主義」とは、「自分にできるいいことをたくさんしなければならない」という考え方です。

価値観としては、「より苦しみが少なく、より幸福な世界のほうが、苦しみが多く幸福の少ない世界よりもいい」「寿命は短いよりも長いほうがいい」というシンプルな発想で、それを実現するためには、効果的な利他主義が必要であるといいます。

ペイフォワード、効果的な利他主義といった考え方は、誰かに施しを与えるという立場ではなく、自分が主体となって、世界のためにできることをするという発想であり、そこでまずは自分と世界との関係性を変えていこうとする部分に本質があります。

こうした考えは、僕が目指している世界の在り方に通じるところがあります。

意識が変わると世界が少し違って見える

人生を幸せに生きるためには、どうすればいいのか。

その鍵を握っているのは、意識です。

同じ出来事を経験しても、意識の持ち方ひとつで、人生の充実度が変わってきます。

意識の持ち方の大切さについての寓話として「3人のレンガ積み職人」というものがあります。

職人Aは、レンガを積むことを〝労働〟と考えて、生きるために仕方なくレンガを積んでいます。彼にとってレンガを積むのは苦痛であり、積み方も雑です。本人も口を開けば愚痴ばかりで、相当なストレスを抱えています。

職人Bは、レンガ積みを〝仕事〟として捉えています。そしてその仕事があるからこそ、家族を養うことができていると考えています。彼はそれなりに丁寧にレンガを積み、愚痴もいわずに自分の役割をこなしています。

職人Cは、まずレンガを積む〝目的〟を知っています。それは「歴史に残る大聖堂を作る」というものです。完成すれば、そこで多くの人々が祝福を受け、悲しみを払う……。そう思いを馳せながらレンガを積む彼の様子は実に楽しそうで、仕事ぶりも丁寧。「こんな仕事に関われて幸せだ」と日々思いながら、働いています。

「レンガ積み」というまったく同じ仕事をしているのに、意識の持ち方ひとつで幸福感が大きく変わってくる。それが、この寓話から学ぶべきことであり、幸せな人生を得るためのヒントといえます。

意識の持ち方で、日常の見え方がずいぶん変わってきます。そして、人々の意識がレンガ積み職人Cのように、「他者への祝福」に向くことで、世界はよくなっていくと僕は信じています。

それを伝えたくて、僕は音楽やアート、事業をやっています。

「意識が変わらないと世界は変わらない」と教えてくれたのは、音楽です。

僕は子どもの頃、ミスターチルドレンの作品に感銘を受け、価値観が一変しました。

ミスターチルドレンが頭角を現した90年代の音楽シーンは、若者のメインストリームでした。ミリオンセラーがどんどん出ていて、僕らの世代は音楽から影響を受けている人が多いと思います。CD盤を買ってきて、プレーヤーに流し、歌詞カードを読みながら聴いていたものです。

そこで、圧倒的な存在感と、ある種の哲学を含んだ世界観を持ったバンド、ミスターチルドレンに出会ったのです。

小学校低学年で『【es】～Theme of es～』（エス）という曲を聴いた時に、「音楽の歌詞は文学になっているんだ、メロディと調和しつつ、文章だけで読んでも成立する世界なんだ」と衝撃を受けました。


僕も、音楽という分野でメッセージを発していきたい。

そんな思いが募り、小学校5年生の時に、幼なじみとバンドを組みました。現代風にいうなら、YouTubeを観て、ユーチューバーになりたいと志すのに近いでしょうか。

最初にやったのはもちろん、ミスターチルドレンのコピーバンド。その後、オリジナルでも曲を作り出し、中学からライブハウスでライブをするようになりました。

しばらくして幸運にもスカウトの目に留まり、ＣＤを発売することができました。しかし残念ながら、世の中に影響を与えるレベルまで一気に売れることは叶わず、典型的な「売れないミュージシャン」となっていきました。

お金を得る手段として選んだデザイン

売れないミュージシャンにとって当時貴重な収入源だったのが、出会い系のサクラです。働く時間や曜日が自由で、時給が1400円など高額。当時の都内のコンビニの時給が850円ほどでしたから、いいバイトでした。

ただ、僕はまったく手を出していませんでした。サクラというのは結局、嘘をついて、お金をもらう仕事です。曲がりなりにも表現者として世の中に真摯なメッセージを届けようとする人間が、嘘偽りで報酬を得ていいはずがない、と思っていたからです。

しかし、お金はやはり必要です。

どうすればいいか考えた末、「手に職をつけるしかない」という結論にいたりました。

ひとつの分野を追求し、極めていけば、自分の仕事に付加価値が生まれ、いずれ短時間でもしっかり稼げるようになる。では、今の自分が身につけたいことは何か。

そこで思い当たったのが、「デザイン」でした。

グラフィックデザイナーとして腕を磨いていけば、きっとミュージシャンとしての感性も育つし、視覚的にも訴えかけられるように表現の幅が広がる。そう考え、バンド活動と並行して、21歳の時に独学でデザインを勉強し始めました。

どうせデザインをやるなら、ちゃんとしたところで教えてもらおう。そう考えて、派遣の案件に応募しました。実務経験はなかったけれど、僕が提出した作品を見て拾ってくれたのがアミューズメント系の上場企業でした。

アミューズメントというのは、画像合成など技術を問われる仕事が多く、案件も豊富にありました。技術とスピードと忍耐がつくということで、僕もその企業で派遣社員として働く選択をしました。音楽への情熱は持ち続けていましたが、将来的にも音楽を続けるため、まずは手に職をつけるほうを優先した形です。

クリエイティブ部門に入り、毎朝9時半から深夜2時くらいまで働きました。今考えるとブラック企業ですが、少しでも早く技術とスピードを身につけたいと思っていたので、望むところでした。

家に着いてからは、歌詞を書くなどのバンド活動に加え、アート関連のデザインの技術も磨きました。友人のバンドマンからチラシやCDデザインなどを無償で受けて、アミューズメントにばかり染まらないようバランスを取っていました。

睡眠時間は2時間ほど。その繰り返しの毎日でした。

金曜の夜は、23時に上がらせてもらい、曲作りやライブの練習をしていました。代々木のスタジオで、深夜0時から朝6時までの「ナイトパック」があり、1時間1000円でレンタルできました。土曜の朝にいったん帰宅して仮眠し、土日は必ずライブです。打ち上げもあるから、やはり睡眠時間が取れませんでした。

この時期は、若さと勢いで走り続けていました。

ビジネスベースのデザインに関わるようになって、ずっと意識していたのは、アートの感覚を忘れないということです。

デザインには一定の枠、決まりがありますし、クライアントからのオーダーには従わねばなりません。一方のアートは、自分の世界観を構築し、表現するものです。あまり商業に引っ張られすぎず、常に自分らしさを作品に込めるようにしていました。

こうして広告代理店で約1年働いた後、23歳でフリーランスのグラフィックデザイナーとして独立を決めました。

ただ、結果としてこの決断が自分の首を絞め、生活が一気に困窮しました。

02

自分の世界観の押し売りでは独立できない

「商品戦略」「ターゲット戦略」「プロモーション戦略」。価値の本質をマーケティング的な視点から捉えなおす。

独立があだとなりホームレス生活？

生活が困窮したもっとも大きな理由は、独立でした。

独立にあたり、フリーランスになってもやっていけるだけの実力があると自負していたし、正直「仕事は向こうからくるだろう」と軽く考えていました。しかし、会社の看板がなくなった瞬間から、仕事もなくなりました。本来であれば営業をかけて仕事を取ってこなければいけませんが、営業の仕方すらろくに知りませんでした。

ネット上で見つけた下請け仕事を細々とやっていたのですが、何とか食べていけるだけの収入は得られど、バンド活動のお金までは捻出できませんでした。

気づけば350万円の借金ができていました。消費者金融のカードを作れるだけ作って、毎月返済に追われ、自転車操業状態……。当時は埼玉県の朝霞市に住んでいましたが、4畳半のワンルームの、4万5000円の家賃すら払えずに追い出され、恥ずかしい話ですが、女の子の家を転々として、ご飯などの世話をしてもらって何とか食いつないでいました。

事実上のホームレスです。

当時の記憶は正直あやふやで、何をどうしたのか、具体的に思い出せません。とにかく必死に、なりふりかまわずがむしゃらにあがいていた、という印象です。しばらくたち、何とかホームレスからは脱却したのですが、ひとつひとつの仕事の単価は安いため、量をこなさねば食べてはいけません。音楽活動にもまた、全力投球。睡眠時間がほとんど取れなくなりました。

その結果、ついに限界がきました。

24歳の半ばで、過労により倒れたのです。

音楽とアートだけやっているなら、いくら忙しくとも大丈夫という自信があったのですが、やはり生活のための仕事でてんてこ舞いになると、ストレスが溜まってきます。加えて、その当時の僕のギャラは、デザイナーとして最下層。数をこなしてようやく生活が成り立つレベルで、働けど働けど暮らしが豊かになることはありませんでした。

そうして、心も身体も疲弊していき、ある日、動くことができなくなりました。燃え尽き症候群のような感じで、本当に指先一本すら動かすのが苦痛で、何もしたくありませんでした。激しい動悸に苛《さいな》まれましたが、お金がなくて病院にも行けず、布団の中で頭を抱えて過ごしました。涙が勝手に出てきて、止まりませんでした。

かろうじて、取引先に電話をかけ、「動けないのでもうここで終わりにする」と伝え、受注していたすべての仕事を断り、そこから1か月、休養しました。

今思えば、身体は慢性疲労、精神は鬱状態だったのでしょう。

その経験を通じて、自分は一体何のために働いているのか、考えました。

原点に返れば、職人になったのは、自分の時間を確保するという目的があってこそ。しかし現実的には真逆となっていました。

この状況を覆すには、一から仕事を見直し、自分の付加価値を上げる方向にシフトするしかない。

そう決意したことで、再び人生が動き始めました。

プロとして志を高く持つ

今思えば、休業は結果的にこれまでのやり方を見直す貴重な時間となりました。

それまでの自分は、アーティストであることにこだわりすぎていました。アートの感覚を忘れないで仕事をする、まではいいのですが、そのニュアンスがあまりに強くなり、自分の世界観を何とか押し通そうとしていました。

そしてその結果、クライアントの要望に添ったデザインがなかなかあがらずに、何度も出し戻しを行って工数が増えていた状態でした。


それを見直すにあたって、そもそもデザインでお金を稼ぐとはどういうことか、本質を探ろうとしました。そこで始めたのが、経済の仕組みを理解する上で必要な、マーケティングの勉強でした。

マネジメントの父と称される経済学者のピーター・ドラッカーは、「企業の唯一の使命は、顧客の創造」であり、「究極のマーケティングは、ダイレクト・セリングをなくすことだ」と述べています。

確かにビジネスで成功を収めるには、直接営業をせずとも顧客がつくようになるのが理想です。そのために広告があり、僕のグラフィックデザインの存在意義があります。

広告デザイナーの仕事の本質は、デザインを通じてクライアントである企業の広告戦略を後押しすることです。

まずは、クライアントが欲しいデザイン、会社の発展に貢献するような価値があると思えるデザインを提供する。

その上で、そこに自分なりの表現を付加していく。それがプロのグラフィックデザイナーに求められる役目です。

仮にいくらデザインとして優れていたとしても、企業のカラーやスタンス、担当者の思いを汲んでいなければ、仕事としては落第。逆にいえば、相手の求める方向性をいち早く理解できるかが、デザイナーの能力のひとつといえます。

そうしてプロとしての志を持つよう努めました。

マーケティングを学び経済の本質を探る

マーケティングの勉強の中で、もっとも深く考えたのは、物事の価値はどう決まるか、という点です。

たとえば、マクドナルドで飲むコーヒーは100円ですが、スターバックスでは300円ほどです。

マクドナルドでもスターバックスでも、コーヒーの原価は大きく変わらないはずです。

それなのになぜ、約3倍もの値段が付けられるのか。

消費者の立場からすると、売り手が決めた値段と同等、もしくはそれ以上の価値を感じた時に、購買行動が起こります。

〝コーヒー通〟でもない限り、マクドナルドとスターバックスのコーヒーの味に、3倍もの開きを感じるということはないはずです。淹れたてを目隠しして飲んだら、どちらがどちらのものか、わからない人も多いと思います。

つまり、コーヒーの味自体に、3倍の価値の本質はないわけです。

では、消費者はどこに価値を見出しているのか。

ここに、大きなポイントがあります。

消費者が見出す価値の中には、店の雰囲気や居心地の良さも含まれています。

スターバックスは、おしゃれでＷｉ－Ｆｉを完備し、落ち着いて過ごせるという点を、コーヒーの値段に反映し、消費者はそれに納得しています。逆にマクドナルドは、「早い、安い」を価値としていますから、100円にして、よりたくさんのコーヒーを売ることで儲けを出すビジネスモデルとなっています。

もうひとつ、事例を紹介しましょう。

世界最大の家具量販店であるイケアには、各店舗に、家具や雑貨をコーディネートしたテーマ別のモデルルームがあります。

「3LDK70㎡」など実寸のリアルな部屋を作り、そこにイケアの家具が配置されているわけですが、そのモデルルームで表現している価値は、家具そのものにはありません。

モデルルームは、家族構成や職業、趣味、価値観などを反映してコーディネートされています。消費者は、そこでの実際の暮らしを思い描くことで、家具を使った時の満足感や心地よさ、家族が集《つど》うといったイメージを具体的に持つことができます。

イケアのモデルルームでは、家具という「機能性」ではなく、「ライフスタイル」そのものを売っているのです。そして店を訪れた消費者は、未来のライフスタイルに価値を感じ、それを実現するためにイケアで家具をそろえる、という購買行動を起こします。

こうして物事の価値の本質をマーケティング的な視点から捉えなおした上で、僕の行っているデザインという仕事において、その発想をどう生かすべきかを考えました。

そうして自らの仕事を見直した結果、以下の3つを意識するようになりました。

1 顧客が価値を感じるデザインを生み出す（商品戦略）
2 デザインがどんな人々に響くかイメージする（ターゲット戦略）
3 広告がどのように展開するか想定しておく（プロモーション戦略）

これはあらゆるビジネスで考えるべき、原理原則であり、僕もまたビジネスの軸とすることにしました。

03

価値の安売りは負のスパイラルを生む

「お金」ではなく「時間」にフォーカスし、
自分自身の付加価値を高めていく。

付加価値を高めてギャラを8倍に！

プロとしての志を見直し、自分なりのビジネス戦略の軸を決めた上で、僕が行ったのは、値上げでした。

復帰にあたり、それまでの単価からギャラを倍にすることを、クライアントに宣言しました。

当然、仕事は減りました。

最盛期の3分の1ほどになったため、トータルの収入も落ちました。

しかしその一方で、時間効率が一気に上がりました。

それでできた時間を、僕は勉強とリサーチに使いました。

例えば、クライアントの担当者の出世をどうやったら後押しできるのか。担当者の社内での評価を上げるには、どう動けばいいか。そうした観点でも、自らの役割を考えるようになりました。

それが、スターバックスやイケアのような価値の創造につながると考えたからです。

そんな発想のグラフィックデザイナーは当時、ほとんどいなかったと思います。すなわち、それが自らの付加価値となっていました。

僕の仕事は、幸いにも口コミで評判となり、仕事はすぐに以前のような盛況となりました。しかしそれをこなそうとすると、結局は心身を壊してしまいます。同じ轍《てつ》を踏まないよう、僕はさらに、値上げを敢行しました。

そこでやはり、一時的には仕事が減るのですが、しばらくすると再びオーダーが舞い込んできます。

結果的に計3回、仕事の単価を倍に値上げしました。最初の単価からすれば、8倍の利益を得られるようになったのです。

実はこの時、音楽に関しても大きな追い風が吹いていました。

当時、『ゴールデンエッグス』というシュールなアニメーションが流行っていました。それを受け、アニメーターの友人と一緒に「僕らもシュールなアニメーションを作ろう」ということになり、アニメとコラボレーションする形で、ギャップのある楽曲をバンドで用意しました。

それが、アップから8か月たって爆発的に再生され、ニコニコ動画デイリーランキングで総合1位を獲得。累計再生数300万を超えました。その作品は、第13回新国際ニコニコ映画祭大賞およびユーザー賞を受賞し、さらに第15回文化庁メディア芸術祭の優秀賞も獲得しました。

そうしたきっかけで、自分たちのバンドのホームページにも、コンタクトがくるようになっていきました。

その体験を通じて僕が気づいたのが、インターネットの可能性です。それまで、音楽業界で人気を得るなら、まずは事務所に所属し、CDを発売し、全国ツアーを行って話題作りをする、というのが一般的でした。

しかしインターネットでは、たとえ無名のアーティストでも、作品さえよければ爆発的な支持を得ることができます。それを体感したことが、後の人生にも影響を与えています。

誰もが、個人でメディアを持ち、発信できる。

その拡張性と、計り知れないパワーに、比較的早く気づくことができたのは、人生の財産となったと思っています。

「価値の安売り」は後の疲弊につながる

過去の僕もそうでしたが、商品やサービスを安く売ってしまうというのは、多くの場合、売り手側の問題です。

「値が高いと仕事がこないのではないか」「値上げすれば顧客が離れてしまう」……。そんな不安から目を背《そむ》け、常に忙しくすることで自分の価値を証明したいがために、安売りしてしまうのです。

安売りを続けると、負のスパイラルに陥ります。

まず、薄利多売で日々忙殺されるため、それ以外のことを考えたり、勉強したりすることができなくなります。

少しでも収入を増やすため、とにかく仕事を受けるのが前提で、病気などすればすぐに仕事の質が下がってしまいがちです。そんな生活の中にいると、自分の仕事に誇りやプライド、達成感を感じることができなくなり、仕事自体が嫌になってきます。

安さで勝負すると、「安ければいい」という価値観を持つ顧客しか集められません。そして必ず、同業他社との安売り競争に巻き込まれていきます。なぜなら、選ばれる基準が「価格」のみでしかないからです。

同じ業界であれば、安売りは、体力のある大企業が圧倒的に有利です。その土俵に上がってしまうと、個人や中小企業は太刀打ちができず、疲弊していきます。

そうした負のスパイラルから脱するには、価格とは別の価値を付けていくしかありません。

僕の場合は、マーケティング理論を学び、顧客視点からデザインを考えられるようになったことに加え、担当者にメリットをもたらすような動き方を常に意識していたのが、差別化につながりました。

そこではじめて、「たくさんいるデザイナーのうちのひとり」という存在から脱し、「小西玲太朗」という特定の個人で仕事をもらえるようになりました。

自分にしかできない仕事なら、たとえ値段が高くとも、そこに価値を感じる人が出てくるものです。

「お金」から「時間」にフォーカスし、年収が倍に

ここで改めて、休業を境に、僕の仕事の流れがどう変わったのかを示しておきたいと思います。

ポイントとしては、「お金を作る」という視点から、「時間を作る」という視点に移り、生産性の向上に力を注いだということです。

【従来の仕事の流れ】

①「お金を作る」ために、どんな下請け仕事でも受注する。

↓

②薄利多売で、時間がなく仕事に追われる。

↓

③安い仕事であっても自分の価値を証明するため、アーティストであることにこだわり、修正の工数が増える。

↓

④さらに時間がなくなる。生活に余裕がなくなり、身体を壊す。

【パラダイムシフトした後の仕事の流れ】

①「時間を作る」ために、受注単価を2倍にする。

↓

②取引先は減り収入もダウンするが、時間に余裕ができる。

←
③時間があるので、自分のための勉強や技術習得、研究を行う。
←
④残ってくれた取引先に喜んでもらえるよう集中して仕事をする。
←
⑤満足した取引先が、新しい顧客を紹介してくれる。
←
⑥取引先が増え、時間がなくなってくる。
←
⑦さらに単価を2倍にする。
←
⑧自分のための時間ができる。
←
そして①に戻る。

必要と感じれば、報酬が0円でも動く

こうして収入を上げつつ時間を確保することに成功したのですが、当時は広告業界の仕事と併せて、音楽業界からの仕事依頼もそれなりに増えていました。例えば、ＣＤのジャケットのデザインなどです。

それを手掛けるにあたって常に意識していたのは、音楽に救いを求めている人に、「ここに救いがある」とデザインを通じて感じてもらうことでした。

クライアントは「かっこいい」というイメージ先行でデザインを決めがちですが、僕は消費者が実際に手に取り、購入し、パッケージを家で開けるまでの流れを想定してデザインをしていました。手に取りやすいパッケージ、開ければ目に飛び込んでくる歌詞カード、さらには販売店舗のＰＯＰや動線までも考慮しました。

クライアントの予算が足りなくても、個人的に絶対あったほうがいいと思える

ものは、無料で制作を受けました。

音楽関係の仕事は個人的に楽しかったので、時に無料でも苦になりませんでしたが、そこまでやるデザイナーはいなかったようで、それもまた差別化につながりました。

もちろんこうした手法は、時間にそれなりの余裕があるからこそできること。

まずは時間を生み出す、という発想を持つことが、今の自分を変える第一歩となるはずです。

04

斬新な視点で世にないものを提供する

誰もがやっているサービスを後追いしても、
先行者に勝てる可能性は極めて少ない。

デザインを仕組み化、ホスティングで利益を得る

こうしてグラフィックデザイナーとしてはしっかり稼げるようになっていったのですが、僕はあくまで、音楽活動を自由に行うという目的のために、仕事をしていました。

他のバンドメンバーの稼ぎが少なかったこともあり、スタジオ代やツアー費用は、僕が中心に出していましたが、そうするとまだまだお金が必要でした。

そこで目をつけたのが、インターネットです。

僕はもともと紙媒体の仕事を中心に受けていましたが、当時インターネットにおけるニーズが高まってきていました。そして何より、過去の『ニコニコ動画』での受賞経験により、インターネットの大きな可能性を理解していました。

そこから、プログラミングの勉強を始め、ウェブデザインについても一通り理解した上で、クライアントに営業をかけました。

この頃、業界内では、紙媒体を手掛けるデザイナーは、ウェブ専門のデザイナーより実力がある、とされていたこともあり、ウェブデザインの仕事はすぐに受注できました。

広告というのは、紙媒体とインターネットで同時に展開するような手法を取ることが多いです。それを一括して受注できるようになったので、仕事の幅が広がりました。

しかし結局、個人がこなせる仕事の量には限界があります。

単価を倍にする戦略も、さすがに業界的にも上限に近い金額にまでできていたため、難しい状況でした。

「さらに稼ぐには、今の自分の経験をもとにできる、新たなビジネスを展開するしかない」

そう考え、インターネットを使って何かできないか、アイデアを練りました。

思いついたのが、ウェブデザインにおける「フリーミアム」戦略でした。

フリーミアムとは、無料のサービスを多数のユーザーに提供し、それよりも高機能、または追加された特別な有償サービスを購入してもらうことで、収益を得るビジネスモデルです。

僕が行ったのは、ウェブサイトのデザイン制作を無料で受けることです。

今でこそ、インターネット上には無料でウェブサイトを作れるサービスがたくさんありますが、当時はウェブサイト制作料が1000万円かかり、そのデザインをフリーランスに頼んだとしても、150万円ほどの値段がつくような時代でした。

そこで「ウェブサイトを無料で作る」というのは、かなり破天荒なことでした。

もちろんその裏には、戦略があります。

ウェブサイトのデザインは、これまで書き溜めていたデザインパターンを組み合わせて使い、画像のディテールだけを変えれば成立するようにパターン化していました。それをパッケージにして、無料で提供するのですが、当然それだけでは収入が得られません。

収入源としたのは、ホスティング料です。具体的には、月8000円~2万円で、サーバー管理を請け負うというサービスをセットで提供していました。昔のウェブサイトは、アクセス数が急増するようなこともなく、あまり労力をかけずとも管理できたのです。

このビジネスモデルはうまく回り、最小限の労力で、月に80万円ほどの収入を得ることができるようになりました。本業のデザインの仕事と併せて、年収は1500万円を超えるところまで成長できました。

破天荒な「無料化」で新規顧客を獲得

なぜ、僕の新たなビジネスが成功したのか。

これはインターネットビジネスの基本的な話でもありますから、少し詳しく解説しておきます。

まず、本来であれば高額であるものを一気に「無料化」したインパクトが大きかったこと。誰もがやっているサービスを後追いしても、先行者に勝てる可能性は極めて少ないもの。斬新な視点で、これまで世にないものを提供するという姿勢が重要です。

無料であれば、僕を知らない相手でも「タダだし、試してみよう」という気になります。本来であれば高いお金がかかるサービスなら、なおさらです。

無料提供を実現するためには、プログラムを学んだ上で、デザインをパターン化する必要がありました。

こうして技術を身につけるという過程は、多くのビジネスにおいて求められます。何の準備もなく参入し、明日から儲かる、というようなビジネスは、基本的に存在しません。

そして、ウェブサイトの構築、管理運営までパッケージとしたことで、デザイン料以外での収入を、継続的に得るような仕組みにしたというのも、ポイントです。一度限りの高額サービスより、低額でも継続的にお金が入るサービスを構築するほうが、安定性が高いです。

ちなみに、インターネットビジネスの本質は、次のプロセスを継続的に行うことに尽きます。

1　見込み客を効果的に集める
2　見込み客を既存客にする
3　既存客に繰り返し買ってもらい、固定客にする

僕のケースでは、無料化により見込み客を効果的に集め、ホスティング料の契約で既存客になってもらい、月々の運用を請け負うことで固定化した、という流れになっています。

外注組織を作り、収入基盤を固める

ウェブサイトの無料作成に加え、デザインの仕事においても、新たな体制を構築しました。

100人ほどの「外注組織」を作ったのです。

雇用契約はせず、あくまで仕事がある時に手伝ってもらうという外注の形で、人にお願いするようになりました。

僕が主に担うのは、デザインのコンセプトを作り上げ、核となるビジュアルを作成するというところまで。その後にくる作業的な部分は、外注組織に発注します。具体的には、僕がラフ案を作り、発注して、上がってきたデザインをチェック修正するという流れです。

外注先はインターネットで探したのですが、その質は玉石混淆《ぎょくせきこんこう》であり、割合でいえば8割の人は、キャリアが浅い、またはほとんどない、駆け出しといった印象でした。逆に言えば、だからこそ下請け仕事でも受けてもらえるわけです。

残りの2割は経験者で、僕の求めるクオリティに見合った仕事をしてくれました。そうした人は、僕の中で「一軍」と位置づけて、報酬を増やした上、仕事のまとめ役として、クオリティで劣る「二軍」「三軍」の人々を使う立場で働いてもらうようにしました。

このようにピラミッド式の組織を作り上げた経験は、その後のインターネットビジネスにつながる財産となりました。

こうして、自分が主体とならずともお金が稼げる仕組みが出来上がったことで、ようやく金銭面の不安がなくなり、空いた時間を音楽活動に当てられるようになったのでした。

しかし、物事はそううまくはいきませんでした。本当にやりたいはずの音楽で、大きな挫折が待っていました。

理想を求め関係性を壊す

収入の基盤が整って以来、僕はそれまでのうっぷんを晴らすように、音楽活動に明け暮れていました。

1か月で25本ものツアーを行い、全国を回っていました。

その間にも当然、デザイナーとしての仕事はこなさねばなりません。常にアイデアブックを持ち歩いてそこにアイデアをスケッチし、空いた時間にインターネットカフェに籠もって、ペンタブレットをパソコンに接続し、デザイン作成、というような作業をしていました。

そうした状況が続いてくると、自分の中に疑問がわいてきました。他のメンバーは、月収12万円ほどで、とてもツアーのお金を用立てることはできません。CDやフライヤーなどの販促代、ガソリンや駐車場代、出演バンドやスタッフとの打ち上げ代など、ツアーはとてもお金がかかります。そのほとんどは、僕が出していました。

一方のメンバーたちにも、不満がくすぶっていました。

僕はデザイナーとして仕事が確立していたからまだいいのですが、他のメンバーは、ツアーの間は定職に就くこともできず、将来が見えずに、どんどん消耗していきました。

そうした不安もあり、リーダーであった僕に対し、「バンド一本に集中せず、デザインばかりしている」という批判が出るようになりました。

自分としては、曲も書き、ライブにも出演していましたし、バンド活動のために何とか収入を増やし、実際に資金面の多くを賄《まかな》っていただけに、この言葉には大きなショックを受けました。

当時のバンドの状態としては、テクニックがない、引き出しもないといった感じで、僕の頭の中で流れている音楽を具現化することができていませんでした。

「僕が求めているのは心地いい関係の友だちではなく、自分の音を具現化できるメンバーなんだ」

ある日、そう気づいてしまったところから、僕のバンドに対する愛情が薄れていきました。

昔はお互いが刺激を与えられる関係性であったのに、間にお金という現実が介在したことで、いつしかメンバーたちは僕に依存し、結果的にだらだらとくすぶっている期間が長くなってしまっていました。

そんな中で、解散の話が出るのは、ある意味で自然な流れでした。こうして27歳の時に、それまでの自分の〝すべて〟だった、バンドを解散しました。

05

ファンを獲得し、つながりから成功をつかむ

「他者が求めるもの」を満たすことからビジネスを考え、結果的に稼ぎにつながったというスタンスが重要。

個人の影響力が企業を凌駕する時代

現在では、「インフルエンサー」の影響力がますます高まっています。

これまでの資本主義経済では、大企業が影響力を持ち、豊富な資本を背景としてCMを打ったり、イメージ操作をしたりして印象をコントロールしてきました。個人の影響力は、ないに等しいものでした。

しかし、誰もが個人で情報を発信し、大量の情報から取捨選択できるようになったことで、大企業の影響力は弱まりつつあります。

これからは力関係が逆転し、大企業の側が、インフルエンサーの影響力に頼って商品の宣伝販売をする時代になっていきます。

実際にそうした例は、どんどん増えています。インフルエンサーがひと声かけるだけで、効果的に消費者に情報が届き、モノが売れるのですから、企業としてもそれを活用しない手はありません。

影響力のある個人の代表であるインフルエンサーとは24時間のヒューマン・ブランドです。

パリス・ヒルトンがいい例で、先々で見出しや記事になり、常に世間の注目を浴びる「歩く広告塔」といえます。

将来的には、多くの企業が人間というブランドを重視し、個性のあるキャラクターを作り出すようになるでしょう。私生活を露出して注目を集め、商品を売り込むことに長けたインフルエンサーは、さらに重要になっていきます。

そんな時代背景もあって、僕はインフルエンサーを養成するプロジェクトを手がけています。

ただし、インフルエンサーをまとめる会社をやりたいとは思っていません。

インフルエンサーは自身で影響力を持っているため、会社に依存する理由がありません。僕の元で、まとまる必要がないのです。

では、何がやりたいのかといえば、インフルエンサー同士のつながりを強めておくということです。

今の段階で、インフルエンサーの力は一定の業界にしかありません。影響力がさらに高まるまでは、他のインフルエンサーを育てていく期間とするのがベストだと考えています。

そしてゆくゆくは、僕が展開するプロジェクトに彼らを巻き込み、どんどん加速していくイメージを持っています。

インフルエンサーになるために

「独立の時代」に、成功をつかむためのひとつの方法としては、自らがインフルエンサーになるというものがあります。

インフルエンサーになるのに大事なのは、自らに期待されている役割に気づくことです。

自分が持っている武器は何か。

それに価値を感じる人は誰なのか。

これらをまず明確にした上で、自らのファンとなってくれるはずの人々が、自分にどんな役割を期待するのか想像し、そこからコンテンツを考えていくべきです。

インターネットビジネスに関していえば、ページビュー、インプレッションといった数字が出てくるので、そこからどういう記事が読まれるのかをしっかりリサーチして、それに合わせたチューニングを行うのが大事です。そうしたマーケティングを通じて、自分に対する期待値がどこにあるのか検証できます。

個人が情報発信を行う際に有効なのは、「ペルソナ・マーケティング」。商品やサービスのターゲットとなる「想定人物像」を具体的にイメージすることです。

まず、自分がターゲットとする人物のプロフィールを可能な限り詳細に設定し、ひとりの架空のモデルを作ります。

・性別、年齢、職業
・地域（どこに住んでいるか、働いているか）
・ライフスタイル（どんな生活でどんな行動をとるか）
・生き方や価値観（何を大事に思っているか）

そして、そのモデルに対して「何をしたら喜んでもらえるか？」を具体的にイメージします。

そこから逆算して、自らが届けるべきコンテンツを決めていくといいでしょう。

もしインフルエンサーになれたとしても、そこで安心してはいけません。

個人のブランドというのは、一度作って終わりのものではなく、社会背景や消費者の嗜好の変化に合わせ、自らの立ち位置、役割、発信内容を変えていかねば、インフルエンサーであり続けることはできないのです。

「つながりの輪」がビジネスを成功に導く

近年は、消費の在り方が変わっています。
これまでのように、物質的な豊かさを追求するためにモノを買うのではなく、サービスや商品を通じて得られることができる体験を買うのにお金を支払う人が多くなっています。

詳しくは第5章で紹介しますが、僕が現在手掛けている、大自然の中に独自の経済圏を持ったリアルコミュニティを作る「村づくりプロジェクト」も、そこに参加することで得られる体験を何よりの価値としています。

人間は、見たこと、聞いたことよりも、経験したことをしっかり記憶します。数日前に聞いた情報は忘れてしまっても、子どもの頃に行った修学旅行や遠足は覚えているといったことはないでしょうか。

体験者によるリアルな情報は、もはやマスメディアよりも人を動かす力があります。SNSやブログを通して、リアルな感想の口コミ情報は100倍に広がっていく時代です。テレビCMを100回見るよりも、実際に1回体験した人の本当の声のほうが深く届くようになったのです。

今後は、芸能人や有名アスリートではなくても、あらゆる人がメディアの主体として情報発信を続け、その「体験」にファンがつくというのがメディアの形となっていくでしょう。

そんな中で存在感を増すためには、前述の通りターゲットがどんな価値を求めているかを把握し、その人たちが喜ぶことや期待していることが何かを認識し、アウトプットしていく必要があります。

とりあえず有名になりたいから、と自己満足であふれた日記をいくら書いたところで、まったく注目は集まりません。

ファンを獲得して体験を共有し、「つながり」の輪を広げていくことではじめて、ビジネスを成功させる下地が整っていきます。

成功の秘訣はチャレンジし続けること

「何をすれば稼げるでしょう」

僕はそうした質問を、何百回も受けてきました。

そんな人には、そもそもやりたいことがなく、稼ぐというのが一番の目的になってしまっています。

それでは、ビジネスを成功させることは難しく、仮に一度成功を収めたところで、長続きはしません。

なぜなら、自分のために金儲けをしたいというのは「自分の利益の追求」でしかなく、他者の視点が欠けているからです。

あらゆるビジネスは、それに対して価値を見出す人がいてはじめて成立します。逆にいえば、構想段階から「他者が何を求めているか」を想像できなければ、ビジネスの設計の時点で的外れになります。

稼ぐというのは、結果です。

最初はあくまで「他者の求めるもの」を満たすというところから、ビジネスを発想していかねばなりません。

もしやりたいことが何もないなら、相手の視点に立ってみるといいと思います。例えば、「多くの人の悩み」に着目し、それを解決するために何か提供できないかと考えてみます。

もっとも多くの人が悩むのは、人間関係です。職場、親との関係、恋愛……人との関係でまったく悩んだことがない人など、いないはずです。

その解決はもちろん簡単にはいきませんが、こうした悩みを持つ人々に対し、その心をそっと包み、癒やせるような記事を発信できれば、強力なコンテンツとなります。

こうして「他者の求めるもの」に、「これまで自分がやってきたこと」や「得意なもの」「含蓄のある領域」をうまくマッチさせるようにすると、自分なりのやり方でニーズを満たせることになります。


ビジネスに、100点満点の正解はありません。

だからまずはチャレンジしてみましょう。

もしかすると失敗するかもしれない……。

しんどい思いをするかもしれない……。

それを恐れて、何もしないままでは、現状維持があるだけです。そして、失敗を恐れてチャレンジしなかったという後悔ほど辛いものは、人生において他にないと思います。

何らかのイノベーションを起こすには、チャレンジするしかありません。

世の中のあらゆる成功者は、すべからくチャレンジを行ってきています。

僕の周りのクリエイターで成功している人たちも、リスクを取ったからこそ成功できた、と口を揃えます。

僕自身も、周りの人が「無理だ」「無謀だ」ということにチャレンジし続けて、ここまでこられました。

成功の扉は、チャレンジを続けることでしか開かれないということを、知っておいてほしいと思います。

第2章 独立して生きるということ

06

妥協せず、唯我独尊でいい

強い自己主張で自分の意志を貫いても、結果が出ればそれでいいということもある。

心地いい場所にいては成長できない

バンドは解散しましたが、音楽活動に対する思いは変わっていませんでした。ただ、自分の事業がうまくいったことで、価値観が変わり、冷静に状況を俯瞰《ふかん》できるようになっていました。

僕らのバンドは、音楽の未熟さや個々のポテンシャル、マンパワーなど、プロのレベルではなかったわけですが、特に問題だったのは、世の中の目に留まるところがなかった点にありました。

それらの弱点を補うには、どうすればいいか。

メンバーの技量については、お金をかければ、キャリアの長いプロのメンバーにバックバンドをお願いすることができます。世の中の目に留まるのも、お金を使って広告を打てば、可能です。つまり、自分ひとりでも成立させることができてしまう。この〝圧倒的なリアル〟が、僕が音楽を愛しつつも、バンド解散に踏み切った大きな理由でもありました。

類は友を呼ぶ、のたとえ通り、学生は学生同士、経営者は経営者同士など、人は同じ種類の人と集いたがります。

ビジネスの世界では、「あなたの親しい友人3人の年収を聞いて、その総額を3で割った金額があなたの年収になる」とよくいわれます。年収が同程度だと、生活水準や行動基準が似てくるため、親しくなりやすいものです。

経済学者のエンリコ・モレッティが書いた『年収は「住むところ」で決まる』（安田洋祐解説、池村千秋訳／プレジデント社）という本でも指摘されている通り、人づきあいも含めた「環境」は非常に大切であり、人生にも大きな影響を及ぼします。

同じレベルの人の中に埋もれてしまえば、そこから出ることは叶いません。常に上のレベルを求めて、環境を変え、行動を起こし続ける人だけが、どんどん成長していくものです。

同志の仲間との心地いい空間を捨て、新たな環境に飛び込まなければ、音楽で成功することはない。僕はそう考えて、音楽活動においては、心機一転、出直しを図ることとしました。

自分を全力で肯定する

バンドの解散と前後する時期、僕はわずかに空いた時間を使って、インターネットビジネスについてより深く勉強していました。

その過程において、ひとつの運命的な出会いがありました。

知人の紹介で、与沢翼さんが主宰するオンラインのビジネススクール「フリーエージェントクラブ」に入学したのです。

与沢さんの第一印象は、オーラがある人だ、というもの。スクールのプロモーションを見ると、実体験に基づいた内容でありつつ、規模もビジョンも大きく、「なんだかこの人、かっこいいな」と素直に思えました。

当時のフリーエージェントクラブは、ブログアフィリエイトに関してのノウハウを教えていました。僕はそこで勉強したことを、自分のデザイン業に生かし、アフィリエイトのノウハウを用いながら、デザインのテンプレートを販売しました。それが幸いにも上手くいき、クラブを卒業するタイミングで与沢さんに結果を報告したところ、与沢さんから「発注するから、自分のためにデザインを作ってくれないか」と声がかかりました。

そこで僕は「デザイン費はいらないので、いろいろ教えてください」と頼みこみました。すると与沢さんが「教える時間はないから、一緒に何かやろう」と誘ってくれたのです。そして、いくつかの案件が箇条書きで送られてきました。

その中で僕が選んだのは、もっともお金がかかり、リスクも難易度も高そうな「リストマーケティング」でした。

これは、見込み客を集客し、そのリストを取るために広告を使う手法で、今でいうインフルエンサーマーケティングにあたります。

当時のフリーエージェントクラブでは、ブログやSNSを使う手法をメインに教えていましたが、それよりもリスクの高い手法でした。

一回広告を打てば、結果にかかわらず700万円ほどかかります。それを与沢さんと二人で折半して、350万円を負担して始めました。ちょうど350万円の借金を返済し終わったくらいのタイミングだったため、かなり勇気がいりましたが、リスクを取らなければリターンは得られませんから、思い切ってトライしました。

結論からいえば、得られたリストから作れた売り上げが2500万円ほど、広告費と諸経費を差っ引いて1500万円くらいの利益が出ました。

これをきっかけに、与沢さんとの直接の付き合いが始まりました。

その時に与沢さんは、フリーエージェントスタイルという新しい会社を立ち上げるにあたり、そのメンバーを募集していました。

僕はそこに誘ってもらい、「デザインの仕事の片手間でもいい」ということで、正式に一緒に働くことになりました。

与沢さんを見ていて思ったのは、強い自己主張で自分の意志を貫いても、結果を出せばそれでいい、ということです。

世間的には、自分の意見を押し通すと、「協調性がない」などといわれて叩かれがちですが、強い意志に結果が伴うことではじめてその人のブランドが確立し、周囲に依存せずとも人や物事を巻き込んでいけるようになります。

僕のバンド活動を思い返せば、他のメンバーの意見を聞いて、彼らがやりやすい方法を考えていました。練習の頻度を下げたり、ライブの本数を減らしたり、金銭面をフォローしたり……。それらは結局、「自分が妥協していた」ということに他なりません。

もし、自分の世界観をもっと主張し、突っ込んでいって、結果が出たなら、また違った結末になっていたでしょう。

唯我独尊は、悪いことではありません。

世間を見れば、実は与沢さんのような唯我独尊の人が敷いたレール、イメージした世界の上に、その他大勢の人たちが乗っている。それで世界は成り立っている。ここに気づけるかどうかです。

まずは自分を全力で肯定してみてください。その上で結果を出すことで、さらに自分らしく生きる環境が整っていきます。

07

2倍、3倍の成長のためにリスクは率先して取る

リスクを背負って働くからこそ、アイデアもわくし、成長するスピードも速くなる

急拡大する組織でマネジメントを学ぶ

フリーエージェントスタイルの立ち上げにあたり、一緒に働いた初期メンバーは、ほとんどが何もわからないというところからのスタートでした。ちなみに、僕が独立する際に一緒に共同経営者となり、その後僕以上に事業を大きく成功させた親友ともこの時出会いました。

当時は、与沢さんも、事務所にはなかなか顔を出さず、彼の業務を僕が肩代わりすると共に、他のメンバーに教えながら、走り出したという感じでした。ただ、与沢さんは遊んでいたわけではなく、自らの人脈を使って、いろいろな案件を会社に引っ張ってきていました。

僕はそれを受け、実務を各メンバーに分配し、こなしていくという流れで仕事をしていました。

立ち上げから3か月間は、報酬をもらっていませんでした。現場で学べる機会をもらえるというのが、報酬の代わりでした。そうして3か月が過ぎ、ある程度利益が出始めてから、給料が支払われるようになりました。

そしてそこで、取締役に昇格しました。

とはいえ、実務の最終的なしわ寄せを被るのはほとんど僕でした。デザインの仕事も並行してやっていたため、体力的にかなり厳しかったです。

ただ、バンド活動が終わり、ここでいったん、お金を稼ぐのに集中しようという思いがありました。

与沢さんのブランドを使っていくつもの案件ができるという経験は、自分にとってまたとないチャンスです。頭に浮かんだ戦略を試せる場があったというところで、僕にとってはたとえ報酬がなくともやるべき、価値ある仕事でした。

リスクを取らねば成長できない

フリーエージェントスタイルの事務所は、400㎡の1フロア。そこにスタッフが寝泊まりしながら、仕事をしていました。終業時間の決まりもありませんでした。

今なら「ブラック」といわれるでしょうが、それぞれがキャリアを積む、稼ぐノウハウを取得するという目的を持って仕事をしていたため、現場は意外に楽しんでいました。

プロジェクトはチーム制でこなし、チームに純利益の20％の成果報酬が分配されます。

僕のチームは、人数がもっとも少なかったのですが、一番生産性が高かったため、みんなそれなりの生活ができていました。しかし他のチームの中には、なかなか成績が伸びないところもありました。

例えば50人のチームだと、月３０００万円の純利益を上げても、チームに配当されるのは６００万円です。それを50人で分けると、一人あたり12万円にしかなりません。こうして報酬が出ればまだいいほうで、チームによっては１円ももらってない所もありました。赤字は自分たちのチームで補填するというルールだったので、借金をする人も出ました。

ただ、こうしたリスクを背負って働くからこそ、追い詰められればアイデアもわきますし、責任感やプレッシャーによって成長するスピードも速まります。人の2倍、3倍、成長しよう、稼ごうと思ったら、やはりそれなりのリスクを取る必要があるのです。

成果を上げていた僕のチームは、次第に成果が出せないチームのサポートを行うようになりました。

250人収容可能なセミナールームに、与沢翼の名を使っても、7人しか集客できないチームがありました。そこに僕のチームが出て行って、3日で750人を集客する。そのようにして全体の利益を底上げしていきました。

また、当時は追い風が吹いていました。

与沢さんのメディア露出が増えて有名になったことで、テレビが勝手に、「秒速で1億稼ぐ男」「ネオヒルズ族」などと放映してくれるようになりました。

僕はそうして報じられた文言をすぐにピックアップして、それと関連した記事を書いたり、検索で自社のウェブサイトがトップにくるようにSEO対策を行ったりしました。そして「テレビ番組の○○を観た方には、○○をプレゼントするのでご登録ください」というように、ダイレクトレスポンスマーケティングを行って、大量のリストを集めました。


こうしてテレビが勝手に与沢翼のブランドづくりに貢献してくれていたのですが、裏方としては、放映の度にそれに合わせた新たな施策を打ち、リストの回収に走る必要があったことから、寝ずに働かねばなりませんでした。

もちろんその分、利益も爆発的に増えました。

フリーエージェントスタイルの立ち上げ前、与沢さんが一人でビジネスを行っていた時の売り上げは5000万円ほどでしたが、僕らが関わって1年半で、売り上げは15億のところまで成長しました。それに合わせ、組織も大きくなり、200人を抱える大所帯となりました。

信頼が疑惑に変わる時

そんな成長の中にあって、僕にはひとつ気がかりなことがありました。与沢さんだけが広告塔となり、全員がそれを取り合ってプロダクトを乱発する状態では、いつか破たんする……。

それを回避するためには、新たな広告塔が必要であると考えていました。そこで、与沢翼ブランドとは別に、新たに小西玲太朗ブランドを立ち上げ、自分のプロダクトを販売しようと決意。実行に移しました。

僕のプロダクトでは、デザインスクールや、クリエイティブブランディングや広告の知識および製作の技術の販売を行いました。事業が成長するのと比例して、僕の社内での影響力は、どんどん大きくなっていきました。

その結果、与沢さんは、僕に「会社を乗っ取られるのではないか」という疑いの目を向けるようになりました。

実は与沢さんには、以前アパレルの会社を立ち上げた際に、外部から引き抜いた優秀な人材に会社を乗っ取られそうになった過去がありました。その人も、もしかすると会社を大きくするために新たなノウハウを取り入れていただけかもしれませんが、いずれにせよ与沢さんには、「会社を乗っ取ろうとしている」というように映ったのでしょう。

また、当時の与沢さんの周りには、お金目当ての有象無象《うぞうむぞう》が群がっており、いつもたかられているような状況でした。疑心暗鬼になるのも、仕方のないことだと思います。


ただ、僕がなぜ自分のプロダクト販売事業を大きくしたかというと、フリーエージェントスタイルが、世の中から「いかがわしい」と見られているのが嫌だったからです。

そんな風評は、勝てばいくらでもひっくり返せます。

そうして会社を大きくし、社会的な信頼を得た上で、そこに音楽事業部を作り、骨をうずめるというのが僕なりのビジョンでした。会社を裏切る気など毛頭ありませんでした。

お金は人生のすべてではない

しかし残念ながら、与沢さんとのすれ違いは続きました。

僕は与沢さんを慕っていましたが、会社の成長を最大化するのが自分の役割だと認識していて、与沢さんのやり方が間違っていると感じた時には、反対しました。

ただ、僕と前述の創業メンバーで今でも親友の彼以外のメンバーはほぼ与沢さんのイエスマン。それもまた、与沢さんと僕との関係がうまくいかなくなる理由のひとつだったように思います。

僕は与沢さんに忠誠心を見せるため、個人で行っていたデザイン事業をフリーエージェントスタイルの子会社として無償で提供しましたし、作り上げてきた外注組織も、全部ゆずり渡しました。

しかし、それでも疑いが晴れず、フリーエージェントスタイルが立ち上がってから1年半、ついに僕は会社を去ることを決めました。

残念ながらその後、約1年で、フリーエージェントスタイルは破産します。規模が急速に大きくなったことがあだとなり、2億円の税金や、毎月6000万円の家賃や広告費といった経費に充てるキャッシュが底をついたのが、原因でした。

そうした栄枯盛衰を目の当たりにして、つくづく僕が感じたのは、「お金自体には価値がない」ということです。

何をするにもお金は必要ですが、所詮は何かを取引するための「手段」でしかありません。それが「目的化」してしまうと、いつか足をすくわれます。

人生においても同じで、お金があれば人生が豊かになるのではなく、お金をきちんと使いこなし、充実した時間に変換することではじめて、人は豊かになれるのです。

08

センターピンを見極めろ！

どんなに素晴らしい球を投げても（仕事をしても）

センターピンを外していたら意味がない。

背水の陣で新たなビジネスに挑戦

フリーエージェントスタイルを辞めた後の収入はゼロ。もらえるはずだったフリーエージェントスタイルの役員報酬とデザイン事業の副社長としての報酬、それぞれ2か月分、計4か月の報酬も貰えずじまいで終わってしまいました。

そうしてフリーエージェントスタイルとは完全に袂《たもと》を分かつことになったのですが、僕を慕ってくれていた社員たちが10人ほど、僕についてきてくれました。彼らの給料や家賃、生活費の支払いも行わねばならないため、貯金はあっという間に減っていきました。

ただ、僕はフリーエージェントスタイルで過ごした1年半で、インターネットビジネスにおいての「勝ち方」を理解していました。

その原資となるのは、リストです。リストがどれだけとれるかどうかで、ビジネスの成否が決まります。

僕が勝負をかけたのは、アフィリエイトなどに比べリスクの高いインフルエンサーマーケティングでした。なけなしのお金をすべてつぎ込んだ上、借金もして、1500万円ほどの広告を打ちました。

自らがこれまで培ってきたブランドを生かし、プロモーション用のデザイン制作、コピーライティングなどをすべて自分で作り、広告を打ちました。

また、自社でASP（アプリケーションサービスプロバイダ）を持ったというのもポイントでした。自前であれば、支払いは主催者のタイミングで決められるため、15日締めの翌々月払いに設定。仮に16日からプロモーションキャンペーンをスタートさせると、翌月15日の締めで支払いまで、最大3か月の猶予があります。

その間に、キャンペーンの売り上げとそこでできたリストからの複合的なクロスセルの売り上げを充当すれば、リソースはできる。そう考えました。

もちろん、リスクはあります。

期限がくれば支払うべきものは支払わねばならず、そこでキャッシュがなければ、倒産です。しかしリスクを取らなければ、それなりのリターンを得ることはできません。

その時点で、自分が取れる最大限のリスクを取った形です。

ただ、社員を抱えている状態で闇雲なギャンブルはできません。自分としては、十分利益が上げられると確信していました。

これまでの経験上、3か月の猶予があれば、2000万円までならほぼ間違いなく回収できるとわかっていたのです。万一キャンペーンが失敗したとしても、それで得たリストを活用して一所懸命に営業をかければ、何とか倒産は避けられるという目算もありました。

ひとつ予想外だったのは、「フリーエージェントスタイルを裏切って辞めた」という風評被害です。悪評を流され、取引先などに誤解されてしまいました。それを解くため、とにかく足を運び、顔を見て話を積み上げていき、何とか信頼を回復することができました。

事業のセンターピンを見極める

こうして行った最初のキャンペーンは、予想通りの成果を上げることができました。そこでビジネスを拡大し、得た利益はさらに次のキャンペーンに充てるということを繰り返した結果、1年で売り上げが1億2000万円になり、リストも潤沢に溜めることができました。

結果を出せたのは、与沢さんの、ひとつの教えのおかげです。

「センターピンを見極めろ」

僕はこの言葉をずっと言われ続け、今でも大切にしています。
ある事業を成功させるというのは、ボーリングにたとえれば、ストライクを取ること。そしてストライクを取るには、一番真ん中にあるセンターピンを確実に倒さねばなりません。逆に、どんなに素晴らしい球を投げても、センターピンを外してしまえばストライクは取れない、すなわち事業で成功できないということになります。

ビジネスにおいては、どこにセンターピンがあるかをしっかりと見極めた上で、そこを確実におさえていく必要があります。

僕が独立後に行った事業でいえば、センターピンは、キャンペーンの成功や短期利益ではなく、リストです。見込み客をどれほど集められるかが、インフルエンサーマーケティングの課題の主軸であり、初動から3か月で取れるリストに最大限の価値があります。

当時はまったくお金がなかったため、費用1500万円を回収するというのは、確かに大きなミッションでしたが、それよりも、リストという経営資源を獲得するのがもっとも重要でした。リストさえあれば、それをもとに何度でもチャレンジができるからです。

3年で30億を売り上げるために

1年で年商1億2000万円を達成し、ようやくお金に余裕が生まれ、新たな事業を手掛けられるようになりました。

そこで行ったのが、フリーエージェントスタイル創業期から苦楽を共にした親友との、インフルエンサーを軸とした共同ビジネスです。

この時作ったコミュニティは、交流を目的とした放牧的なものではありません。コミットメントを重視する、本気の人々との事業をしていく枠組みとして作ったもので、会費をいただいた上で共に事業を行い、事業収益を会員に分配するという構造にしました。

利益を作るのが二年目。その利益で会社を分社化してグループ展開を始める。その中で、インフルエンサーの時代がくるというのがわかっていたので、それが主軸になる事業にする。そして、横展開でインフルエンサー事業を始める。

最終的に、4年目で、全グループで30億を達成。

このビジネスでは利益を公平に分配したため、粗利は低かったのですが、それでも倍、倍と成長していきました。リストも大量に溜まり、資金も増えてきたところで、僕は会社を分社化し、グループとして横展開しました。最初の会社では、僕がインフルエンサーになって引っ張りましたが、各子会社に僕のような役割を担う存在を置き、独自に発展させます。これは現在のインフルエンサー育成事業のひな型となっています。

そうしてビジネスを拡大していった結果、スタートから4年後に、全グループで年商30億円を達成することができたのです。

ただ、大きくなるにつれ、課題が浮き彫りになってきました。

会費をもらっているということで、会員一人ひとりにそれを上回るほどは実益が出るような構造でしたが、何もせずに利益だけを得る人や、レギュレーションを守らずに、同じスキームを横展開して金儲けをしようとする人が現れました。

そんな状態を見ていて、何が原因かと考えたところ、経営陣と一般会員の間で意思の疎通ができていないところに問題があると気づきました。

組織としては、僕と共同経営者という2人のトップの下に、役員、幹部、リーダーという三層があり、その下が一般会員でした。組織が急速に拡大したこともあってか、一般会員の思いや考えが、トップのところにまで届かなくなっており、逆にトップが発信するメッセージも、上層部でとどまりがちで、下層で共有されづらくなっていました。

これは、インターネットを媒介とした組織の弱点といえます。フェイストゥフェイスでのやり取りが難しいため、大所帯になるほど意思統一が難しくなり、組織は分裂しやすいのです。

「やはり自分が理想とするような、みんなが同じ方向を向いて世界を変えていくような組織を作るには、リアルなつながりが必要なんだ」

そう気づいたことが、後に紹介する「村づくりプロジェクト」の原点となっています。

こうして、コミュニティは結果的に僕の思惑とは違った方向に進んでいったため、僕は身を引いて経営陣から外れ、株主という形で応援することにしました。この時、共同経営者だった親友も社長を退きました。僕らは、それぞれのグループを育て、最適なタイミングでアライアンスを組んで、シナジーを最大化させようと誓い合い、それぞれの道を歩み出したのです。

フリーエージェントスタイルの創業メンバーとして出会い、独立後も共に戦ったこの親友は本当に人が大好きで、人を育てるのも得意な人間です。それぞれの道へ歩き出した後も、彼はコミュニティをさらに進化させ、組織を拡大し続けています。

経営者でありながら、キャンピングカーで全国を回り、会員たちと会って、コミュニティを育てる。さらに、各地に拠点を設け、そこに専門家をゲスト講師として招き、こまめに勉強会を開催。会員たちが独立し、成功するためのノウハウを伝えつつ、それを実践できる場も整える。

そうして今では大きな利益を生み出す企業へと成長を遂げています。

そんな、僕らが2人で創業した会社は、僕らが信頼する部下へ託しました。

彼もまた、日々試行錯誤を繰り返しながら会社の成長のため、尽力しています。

事業を継続できるのは1万人にひとり

僕の周りの成功者は、成功するためにはとにかく「コツコツ続けること」が大事だと口をそろえていいます。

インターネットビジネスについて「うまく当たればすぐ儲かる」と軽く考えている人が多いように感じるのですが、知名度のない人が、一度だけ情報を発信したからといって儲かるようなことは絶対にありません。

有名人でないなら、まずはとにかく発信を継続し、自分のブランドの認知度を上げていくという作業が必須となります。


今は、個人が成功しやすい時代です。

自分のブランドさえ確立できれば、必ず成功できます。年収1億円、2億円もまったく夢ではありません。

ただ、多くの人が、そもそも行動を起こしていません。行動を起こしても、ブランドを確立するまで継続しません。

ビジネスをしたい人が1万人いたら、実際に始める人は100人、そして続けていく人は1人いればいいほうです。


ここで僕なりに、ビジネスを成功させる基本を挙げておきます。

・素直に聞き、コツコツ続ける

結果を出す人は、まず素直に人の話に耳を傾ける姿勢を持っています。そして、自分が決めたことをコツコツと実践していく強さがあります。

・素早く行動に移す

せっかくセミナーで学んでも、時間が空けば旬が過ぎてしまったり、内容を忘れてしまって行動に移せなくなりがち。気になることがあれば、すぐ行動するようにすべきです。どんなに優秀で、たくさんの本を読んでいても、実践しないことには結果が出ません。

・勉強熱心

仕事や人生の答えは、ひとつではありません。常にチャレンジを続け、時代の変化に対応していかねば成功し続けることはできません。勉強を怠らないというのは、非常に重要です。

第3章 お金と信用について

09

お金を「人生の財産」と考えるのは間違い

お金の本質を知らずして、
お金に振り回されず生きていくことは難しい。

お金とは「物質」ではない

世の中を見渡すと、お金に振り回されている人が多いと感じます。

もちろんお金は、現代社会を生きる上では欠かせないものであり、お金があれば物質的には豊かな生活が送れます。


しかしだからといって、お金にこだわりすぎ、自由や愛情といった本質的な「人生の財産」を見失ってしまうと、幸せに生きることはできません。

お金に振り回されないためには、そもそもお金とは何か、その正体を知っておく必要があります。


みなさんの財布に入っている、硬貨や紙幣。

これは、物質としては紙と金属にすぎません。そしてその物質の価値自体は低く、1万円紙幣の紙の原価は1円もしないでしょう。

なのになぜ、モノと取引できるのでしょうか。

大前提として押さえておくべきことは、お金の価値は物質にあるのではなく、そこに付帯されている「信用」にあるということです。そしてその信用を作り出しているのは、発行機関すなわち「国」です。

お金には、次の4つの条件があります。

1 誰もが価値を持つと認めるもの
2 多くのモノと交換が可能
3 変質しない
4 分割が可能

この条件を満たせば、極端な話「お金」の素材は何でもいいのです。だから現在は、持ち運びしやすい紙や金属になっています。

物々交換の仲立ちとして誕生

有史以前は、誰もお金など持っていませんでした。

もともと人類は、生活に必要なものはすべて自分たちで作ったり採ったりする「自給自足」であり、物々交換を行ってきました。

例えば海辺に住む人は魚を獲って生活していますが、魚だけでなく肉や野菜、果物が欲しくなれば、獲った魚を直接持って山へ行き、家畜の肉や果物と交換してもらいます。

しかし、その都度わざわざ山まででかけるのは面倒です。そこでモノ同士をタイミングよく交換したい人々が集まってできたのが、市場です。

さらには、持ってきた魚や肉を、いったん米や布に交換してから、別のものに交換する方法が出てきました。腐りにくいお米や布は、欲しがる人が大勢いるので交換しやすかったためです。

こうして相手の欲しいものと、自分の欲しいものを交換するための「仲立ち」として使われ始めたのが、「お金」のはじまりです。

昔のお金と言えば、貝殻。石器時代には世界各地で使用されていました。「買」「貯」「財」などお金に関係する漢字に「貝」がついているのはその名残りです。貝の中でもお金として使われたのはタカラ貝。美しい色で硬く粒もそろっているためネックレスなどのアクセサリーとして大切に使われ、このタカラ貝でオノを買ったり、塩や家畜を買ったりすることができました。

その後、陸海の交通の発達により、遠く離れた地方と交易ができるようになると、金や銀、銅などの金属が物々交換の「仲立ち」として使われるようになります。金、銀、銅には、お金として以下のようなすぐれた特徴があります。

・腐ったり、すり減ったり、なくなったりすることが少ない
・質量が少ないわりに、交換の価値が高い

・自由に分割できたり、合わせたりでき、持ち運びしやすい

ただし、金や銀もはじめの頃は、混ざり物がないかを調べて重さを量る手間がかかったので、不便でした。不自由なく使えるようになったのは一定の大きさや重さ、純度が定まった金貨や銀貨が生まれてからです。

余談ですが、西洋で最古の金属貨幣は紀元前7世紀頃に作られたと言われています。

また、キリスト教史において、イエスが十字架で処刑される発端となった、弟子のユダが敵にキリストを売り渡す場面があります。そこでユダは、銀貨30枚でキリストを裏切るわけですが、その時代にはすでに銀貨が、世界的に流通していたことをうかがわせます。

金や銀から紙幣の時代へ

交易が盛んになると、遠方の地域同士で、大量の商品を売買するようになります。まとめ買いには大量の金貨や銀貨が必要になりましたが、金や銀は重く、持ち運びが不便になってきました。

そこで考えられたのが「手形」です。「これを持っていれば金貨と引き換えます」という約束を書いた預かり証であり、素材は紙なので持ち運びが楽、懐に入れておけば盗まれるリスクも減ります。

商品との交換で手形を受け取った相手は、いつでも必要な時に金貨と交換できるようになりました。これが「紙幣」の起源です。

手形の始まりは、12世紀頃のイタリアであったというのが通説です。当時のイタリアは、東西を結ぶ交通の要衝で、ヨーロッパ文明の中心地。他の都市から、人やモノがたくさん集まってきました。そこで、両替商という新たな商売も生まれました。

ただ、地中海貿易の支配権をめぐって争いが絶えない時代であったため、金貨や銀貨の流出は厳しく制限されていました。

そうした背景もあって手形が考案されました。両替商は、都市国家ごとに業界団体を作っており、お互いの取引関係がありました。手形はこのコミュニティを利用して、換金を保証したものです。

このコミュニティが、現在の銀行のルーツとなっています。

こうして、お金の価値は、金や銀といった物質そのものから、紙幣を発行する機関の信用性へと変わっていきました。

10

お金の価値を担保するのは「信用」

今トレンドの仮想通貨も通貨のデジタル化も
「お金＝信用」がなければ成り立たない。

紙幣の価値は国によって保証されている

現代においても、紙幣の価値を保証しているのは、発行元の機関、すなわち「国」です。発行国が、その国が発行する紙幣以上の価値ある物質を保持しているという信頼があるからこそ、取引に用いられます。

例えば、世界でもっとも有力な通貨のひとつであるアメリカドルは、もともと「同量の金との交換を政府が保証する」という前提で流通していました。価値の下がりづらい金属である金で、通貨の価値を保証するこの手法は、金本位制といわれます。アメリカは金を大量に保有し、「ドルといつでも交換しますよ」と謳《うた》っていたわけです。

しかし、1960年代にアメリカが起こしたベトナム戦争が泥沼化した結果、アメリカは予想以上にドルを使ってしまい、結果的に消費したドルと同量の金が用意できない見通しになりました。

金に代わって、新たにアメリカドルの価値を保証してくれる物質はないものか……。アメリカが目を付けたのは、石油でした。

で、具体的にどうしたか。

わかりやすくいえば、世界最大の軍事力を背景として、中東の国々に「ドル以外の貨幣で石油を取引するな」と迫ったのでした。

その目論見は成功し、石油取引で使われる通貨は、アメリカドルのみとなりました。

これはつまり、アメリカと国交がない国は石油を買えないということです。そうして世界を縛った上で、当時の大統領であったニクソンが、1971年に金本位制の終了を宣言。世界の金融市場を、いわゆる「ニクソン・ショック」が襲いました。

それ以来、アメリカは世界に影響力を誇示し続けてきています。石油というエネルギー資源をおさえていることで、アメリカドルの信頼は保たれているのです。

明治時代には民間で紙幣を発行

さて、日本では、紙幣の歴史はどのように変遷してきたのでしょうか。

日本で最初の紙幣は、1600年頃、伊勢山田（現在の三重県伊勢市）の町衆が発行した「山田羽書《はがき》」という証書でした。商人たちが、硬貨でおつりをもらう代わりに、紙に書いて使いだしたものであるといわれます。

その後、江戸時代の大名の各領国で、「藩札」という地域紙幣が使われだしました。

ただ、江戸時代にはまだまだ硬貨が主流。徳川幕府が発行した金・銀・銅貨が流通し、貨幣単位を「両・分・朱」で分けていました。

明治時代に入り、江戸は東京と改められます。

諸外国のさまざまな文化や風習、思想が流入し、明治政府による制度改革も進んでいく中で、貨幣もまた改革対象となりました。明治4年には、新貨条例が制定され、紙幣単位は「円・銭・厘」へと変わりました。

明治において、お札を作っていたのは「国立銀行」という名前の民間銀行でした。国立なのに民間とはどういうことかというと、明治5年頃に公布された「国立銀行条例」が、アメリカのナショナルバンクを模倣して作られていたため。「ナショナル」は日本語に訳すと「国立」なので、民間の銀行なのに国立というややこしい名前がついていたようです。

なぜ銀行が民間にゆだねられていたのかといえば、当時の明治政府は非常に貧乏で、紙幣の元本となる金や銀を持ち合わせていなかったからです。だから財産があるお金持ちの民間人に、正貨との引き換えが保証されている「兌換《だかん》紙幣」の発行を一任していたのです。

一時は全国に150以上もの民間銀行があったといいますが、それだとさすがに国が管理しきれず、明治9年には紙幣の発行元を日本銀行および政府紙幣に統一するという条例改正を行いました。

そして明治15年に日本銀行が開業し、明治32年末にはこれまでの民間紙幣と政府紙幣は流通禁止となりました。

このように日本の紙幣は、時代の紆余曲折を経て、現在の信用を得るようになったのです。

信用が担保となり紙幣が成立

世界の経済活動がどんどん大きくなっていくと、各国の「中央銀行」は自分たちが「信用」されていることを裏付けとして、所有している金などの物質以上の紙幣を発行していくことになります。

これが現在流通している、「交換できない紙幣（不換紙幣）」です。

つまり、僕たちが今、使用しているお金は、金などの物質的価値の裏付けを持ってはいません。信用を担保している政府や中央銀行の信用が失墜すれば、本当にただの紙切れになります。

こうしたことは、実際に起きています。

アフリカの小国、ジンバブエでは、独裁政権のムガベ大統領が2000年に白人の農地を黒人に分配する土地接収法を施行して以来、輸出が急減し、10年近く景気が後退していました。

ジンバブエの中央銀行は、政府による財政赤字を埋め合わせるため、政府が求めるままに紙幣を印刷。信用を失った状態の紙幣の流通量が増えれば、必然的に紙幣の価値が下がります。

2008年には年率約2億3000万パーセントという超インフレになりました。最終的には、「100兆ジンバブエドル紙幣」まで出てきましたが、この通貨は2015年に廃止となりましたここまで、お金の歴史や意味合いについて述べてきましたが、それを通して僕が伝えたいのは、「現代におけるお金の本質は、信用である」ということです。

信用を土台に仮想通貨が台頭

現在、仮想通貨がトレンドになっていますが、それこそが「お金＝信用」であるのをよく表しています。

仮想通貨の価値を支えているのは、「法定通貨に換金できるだろう」という信用です。レートは上下を繰り返していますが、その基盤となっているのは、法定通貨に換えられるという前提です。

もっとも人気のある仮想通貨のひとつ、ビットコインは、ドル・ユーロ・円などと交換する、商品やサービスの対価として受け取る、などで入手することができます。入手と保有の状況は、公開台帳（ブロックチェーン）に書き込まれ、利用者は匿名化された安全な「鍵」で身分認証されているという仕組みで、安心感を醸成しています。

今後も、仮想通貨自体はなくならないと思いますが、ビットコインについては、ブロックチェーンのセキュリティや計算上の穴が指摘されているので、そこへの信用がなくなった時点で価値が失われると思います。

それ以外の有力な仮想通貨の銘柄も、結局はビットコインの信用に頼っている状況なので、同じかもしれません。

通貨のデジタル化、という点でいえば、法定通貨の裏付けさえあれば、今後世界で広まっていくでしょう。硬貨や紙幣という物質を持ち歩かずとも買い物ができるのは便利なもので、さらにそれが国境を越えて行えるとなったら、煩《わずら》わしい思いをすることがずいぶん減るからです。

例えば中国では、法定通貨である人民元は原則的には国外への持ち出しが禁止されています。しかしデジタル通貨であれば、国境にかかわらず自分の資産を国外に持ち出せる上に、別の国の法定通貨に交換することもできます。

ただし、今すぐ通貨のデジタル化が起こるわけではありません。

私たちは必ずどこかの国に所属し、その国の法律の下、税金を納めて生きています。その生活を成り立たせているのが法定通貨であり、各国の中央銀行です。

仮に、世界中の通貨がデジタル化によってひとつに統一されるなら、中央銀行の役割はなくなりますが、すぐにそうした大変革が起こることは考えづらいです。

それ以前の段階として、まず世界の法定通貨がひとつになり、その上でデジタル化される、という可能性はありますが、いずれにせよ長い時間を要するでしょう。

11

信用さえあればお金や時間、自由は手に入る

相手のために何かをした時や、誰かの役に立った時に貯まる信用＝クレジットを、お金や時間とトレードする。

信用を得なければお金は稼げない

さて、本章の主題である、お金を生み出す方法について。

その結論を先に述べるなら「信用を得る」というのがもっとも確実なやり方であるといえます。

例えば、クラウドファンディングは、「僕は○○○をしたい→○○○には△△△の価値がある→△△△分のお金が欲しい」という流れになっていますが、中間地点である「○○○には△△△の価値がある」というのを伝える部分において、発信者そのもの、またはそのプロジェクトに対する信用が、お金に換算されています。

つまりクラウドファンディングとは、信用をお金に換える仕組みなのです。

インターネットビジネスにおいても、自分自身の信用を高めていけば、お金はどんどん入ってきます。インフルエンサーマーケティングなどは、その典型といえます。

信用がある状態とは、すなわち「その価値がある」と思っている人がいるということに他なりません。

例えば、友人の中で「一緒に飲みに行くと元気がもらえる」という信用を積み上げた人がいたなら、もしその人が飲みに行くお金を持っていなかったとしても、「自分がおごるから一緒に飲みに行きたい」と思うかもしれません。

信用により、「元気がもらえる」という期待が今回も満たされるであろうと想定し、それと自分が提供できるものを天秤にかけた上で、価値を判断しているわけです。

ビジネスにおいて、僕は誰かと一緒に仕事をする際にはほぼ必ず成果型報酬にしていますが、そこに至るまでには、次のような信用があります。

・一緒に仕事をすれば儲かる
・仕事は、責任を持ってやりとげる
・失敗しても同じ犠牲を払ったのだからしかたがないと思える

このような過去の信用から、一緒に仕事をやる価値がある、と考えて、実際仕事をするわけです。

ここまで、お金とは信用である、と述べてきましたが、信用と同じような意味の言葉として、信頼があります。

信用と信頼には、実はまったく違ったニュアンスがあります。

信用とは、主に過去の実績や成果に対して用いられます。一度きりではなく、二度、三度と成功を重ねることで、信用が高まっていきます。

一方の信頼とは、未来に対する期待です。「この人ならこの仕事を任せても大丈夫」というように、未来を委ねるというニュアンスを含んでいます。

特にビジネスの場で顕著ですが、相手に信頼されるためには、何度か仕事をして、信用を積み上げておかねばなりません。

僕がフリーエージェントスタイルを辞めた時に社員がついてきてくれたのも、それまでの実績という信用があり、それが僕という人間と共に未来を歩む決断につながる信頼に変換されたからこそだと思います。

まずは、信用を得ること。

そのためには、実績を積まねばなりません。目の前の仕事に真摯に取り組み、人には誠実に対応することを、続けていくのが大切です。

他者に尽くし「クレジット」を貯める

とはいえ、信用や信頼が直接、お金につながるイメージは持ちづらいかもしれません。

僕がセミナーなどでよくお伝えしているのは、「クレジット（信用）が貯まっていく意識を持ち、それを喜びにしよう」ということです。

クレジットは、相手のために何かをした時や、誰かの役に立った時に、自動的に貯まっていきます。逆に、自分にしか利のないことをいくら積み重ねても、クレジットは貯まりません。

クレジットをたくさん貯めると、どんなメリットがあるのか。

仕事の受注、昇進、お金の借り入れなどは、すべて信用に基づいて行われますから、クレジットがある人ほど、お金を得やすくなります。

お金だけではありません。

例えば、「ちょっと仕事で疲れたから、旅行に付き合ってくれないか」と誰かを誘う際、クレジットがたくさん貯まっている状態なら、相手は無理をしてでも有休を取って付き合ってくれるでしょう。

クレジットは、のんびりした時間、愛情など、人生を豊かにする精神的な満足と交換することもできるのです。

お金に執着してしまうと、紙幣の数や銀行の残高ばかりが気になってしまいますが、こうして他者に対し「クレジットを貯める」という発想で、誰かの役に立つことを喜びにすると、お金に振り回されることなく、人生が楽しめるようになっていきます。

クレジットはお金と時間に変えられる

前述の通り、僕はフリーランスでデザインの仕事をしていた時に、デザイン単価を8倍にまで上げました。倍、倍と三回値上げをしたのですが、その度にクレジットが貯まっていないクライアントは離れていき、クレジットが貯まっていたクライアントは、それでも僕と一緒に仕事をしてくれました。

現代は、個人で情報を発信し、自らの価値を高めていくことができる「個人の時代」に入っていますが、僕がセミナーなどでよく質問を受けるのが「自分の価値をどう設定すればいいか」ということです。

そこで僕は、「価値を決めるのは、自分ではなく他者である」とアドバイスします。自分中心で物事を考えていては、いつまでたってもクレジットが貯まることはありません。「クレジットカード」の審査を受ける際、カードの限度額を自分で決めることはできません。「僕の上限額を1000万円にしてください」といっても、クレジットカード会社のほうから「それに値しない」と判断されてしまえば、上限額が下がります。

人間関係においても同じで、自分の価値を決めるのは、他人です。

だから本人ができるのは、クレジットを積み重ねることだけなのです。

お金を稼ぎたいと思ったら、まずはクレジットを貯めることのみを考え、そこに集中してください。


僕の場合、新たな取引をする際に考えるのは、どうにかして相手の仕事を肩代わりできないかということです。自分の仕事領域以外でも積極的にかかわり、生産効率や目の前の利益より、どうしたら相手が喜んでくれるかに重きを置きます。

自分にどんなリターンがあるかを計算した時点で、自分中心の発想になってしまい、クレジットは貯まりません。

他者の役に立ち、クレジットが貯まっていくと、仕事の依頼も増えますし、信頼関係が構築されるため、時にはわがままをいったり、自分の意見を受け入れてもらったりできるようになります。

こうした状態において、クレジットはお金や時間、自由などとトレードできるようになっているわけです。

誰かを喜ばすと自分にも活力が生まれる

自分にどれくらいクレジットが貯まっているかは、数値化できるものでもありませんから、当然わかりません。

クレジットを使いたいと思った時にも、いくらあるかわからないわけですから、クレジットカード会社の審査と同じで、相手の審査待ちとなります。これはばかりは試してみるしかありません。

僕のように、倍に値上げしても、それ以上のクレジットがあれば「審査が通った」状態となり、結果的にお金に換えることができます。反対に、クレジットが貯まっていなければ、相手は離れていきます。

僕のようなフリーランスではなく、会社に勤めている場合でも、クレジットを貯める意識を持つことが出世につながります。

インセンティブがあるなどのケースを除き、会社組織において収入を倍に増やすには、上から引き上げてもらうしかありません。

自分が貢献した上司が出世した際、クレジットが貯まっていれば、必ず自分を引き抜いてくれるはずです。そうして上司に対するクレジットを貯めるため、頼まれた仕事はすべて倍速でやる、求められた以上の働きをする、という習慣を持つといいと思います。

なお、クレジットをより効率的に貯めるのに必要なのは、想像力です。

この仕事で、最終的に誰が喜ぶのか。さらにいえば、自分がこの場所で働いている理由はどこにあり、何を為すためなのか。

目の前にある実務や業務を、そうした広い視野で捉えると、その仕事の本質が見えてきます。これが前述した「センターピン」であり、それを外さずに誰かの役に立つことで、クレジットは効率的に貯まります。

例えば、いつもいい加減にしか見ていない社訓も、じっくり向き合うことで、経営者は会社をどういった方向へ導こうとしているのか理解できるはずです。

上層部になればなるほど、会社の経営指針というのは絶対的な存在となります。それに沿う形で上司に貢献すると、より上司が望む形で、役立つことができるでしょう。

ここまで読んできて、なかには「誰かを喜ばすためにばかりがんばるなんて、辛い」と思う人がいるかもしれません。

しかし、どうすれば人が喜んでくれるかを想像するのは、楽しいものです。

僕はライブやイベントを企画する際、「どうすればお客さんが非日常を体験できて、楽しんでもらえるのか」からイメージを膨らませていきます。そして、実際にお客さんが喜んでいる姿を見ると、大きな喜びと達成感を得られます。それが明日を生きる活力にもなり、結果的に人生が充実していくことにつながるのです。

クレジットが貯まれば自由に生きられる

クレジットを貯めていけば、いずれは「自由」と交換できるようになります。会社勤めであっても、その企業のために新規事業を発想したり、社内ベンチャーに手を上げたり、自腹でも勉強を行ったりしていくと、どんどんクレジットが貯まります。常に組織の役に立ってくれる人間は当然、評価され、裁量は増えていきます。すなわち、自由度が上がっていくわけです。

研究者でメディアアーティストの落合陽一さんは、大学で研究をしながら、ピクシーダストテクノロジーズ株式会社を起業しました。そして、会社に入ってくる収益を大学に寄付しています。その結果、落合さんは自由を手に入れ、自らの心のおもむくままに、研究をしています。

逆からいうと、自由に仕事ができない状態というのは、そのためのクレジットが不足している状態であると定義できます。

誰もが、自分の好きなことだけをしながら、自由に暮らしたいと思っているはずです。しかしそれを叶えることができていない人は多くいます。

それを「お金がないせいだ」と考えている時点ですでに、お金に振り回されています。お金から、クレジットを貯めることに発想を転換すると、最後にはお金も自由も手に入ります。

僕の好きなことは「音楽」ですが、音楽で生活していくための技術も、仲間も、コネクションもありませんでした。

それを手に入れるため、まずはクレジットを貯めることにしました。

音楽で生きていくのに必要な「カード」を得るために起業し、会社を大きくする方向に舵を切っていったわけですが、常にクレジットを貯める意識でいたことが、収入や人脈を築けた最大の理由だと考えています。

月に30万円ほどの収入で満足できたなら、もう少し早く音楽で生活することができていましたが、僕が望んでいるのは、その規模感の音楽ではありませんでした。だからそこからさらに、足りないカードを手に入れるため、クレジット獲得の旅を続けました。

そして今は、クレジットが貯まり、カードが揃ってきて、好きなことだけをして生きられるようになっています。

12

稼ぐ目的がなければ人生で遭難する

「とりあえずお金を稼ぐ」というのを目的とするのは、たどり着くべき場所を定めぬまま登山を始めるのと同じ。

何のためにお金が必要か考える

クレジットを貯めるというのに加え、お金に関してもうひとつ、意識してほしいことがあります。

それは、考え方の順序です。

新たなことを始めようとする際、「どれだけお金がかかるか」に意識を奪われてしまうと、消極的、保守的になってしまいがちです。

それよりもまず、「自分が何を実現したいのか」を明確にするべきです。そして、「そのためにはいくらお金が必要か」を考えるというステップを踏むのが大切です。

これは人生にもそのまま当てはまります。

お金を稼ぐことは、人生の目的ではなく手段にすぎないはずです。

一度きりの人生において、自分はどのような状態になったら幸福でいられるのか。どういった生活をすれば、日々充実して生きて行けるのか。

そうした目的がまずあって、それを実現するにはいくら必要か、という金銭的な目標ができます。

山登りで頂上を目指す際に、たどり着くべき場所がわかっていれば、そこに至るルートを検討することができます。

もっとも早いが険しい道、時間はかかるが緩やかな道……自分に合った道を選ぶことも可能でしょう。

しかし、もし頂上がどこにあるかわからないまま、「とりあえず上へと登って行けばいつか山頂に着くだろう」とやみくもに歩き出したなら、壁や崖に遮られて思うようには進めず、いずれ遭難してしまうかもしれません。

「とりあえずお金を稼ぐ」というのを目的とするのは、たどり着くべき場所を定めぬまま登山を始めるのと同じことです。

人生において〝遭難〟しないためにも、何のためにお金が必要か、という目的だけは、常に忘れないでください。

自らの死を起点として今を顧みる

ただ、読者のみなさんの中には、人生の目的が定まっていない人もいるかもしれません。

その場合、イメージしてほしいのは、「自らの死に際」です。

自分がどういった場所、どんな状況で、息を引き取りたいか。それが、理想の状況をイメージするためのきっかけとなります。

例えば、「海辺に建っているマイホームで、愛する妻、子ども、孫に囲まれてあの世に行きたい」としたら、結婚して子どもを持つというのが、自分にとっての幸福のひとつであると理解できます。また、海、マイホームという要素も、理想的な生活をする上で必要だとわかります。

そして、結婚と子育て、海辺のマイホームの獲得、というように、具体的に求められるカードもわかってきます。そこから逆算して、お金について、仕事について、考えていけばいいのです。


そうして自らの死を起点に人生の時間をさかのぼっていけば、いずれは現在に行きつきます。


今の行動、時間の使い方は、果たして理想の生活につながるものなのか。

極端な話、前述のような理想を抱いている人が、フリーターとして時給９００円のアルバイトを毎日しているようではいけません。

もちろん、アルバイト自体が悪いわけではありません。自分にとって理想の人生が、アルバイトをしながら叶えられるものであれば、まったく問題はないわけです。もしそうでなければ、今の自分を見直し、変えていく必要があります。

第4章

才能で生きるために

13

「好き」と「得意」で生きていく

自分が好きなことと自分の才能の重なり合う部分を見つけ自分のブランドを作っていく。

自分の才能の方向性を理解する

人生を自由に生きていくには、「自分を知る」というのが大切です。

自分が実現したいことは何か。

どんな時に、もっとも自由でいられるか。

心の中にある自分の思いを見つめ、客観的に把握するのが、生き方を考えるための扉となります。


僕は音楽とアートの表現力で、「世界を少しでも幸福にしたい」と考えています。

その実現のためにまい進するのが、自分にとってもっとも充実した時間の過ごし方であり、何にも縛られることなく思うがままに行動できます。

みなさんに、そうした自分の軸はあるでしょうか。


こうして自らの理想像をイメージすることに加え、もうひとつ考えておきたいのが、自身の持つ才能についてです。

本田健さんの著書『大好きなことをしてお金持ちになる　あなたの才能をお金に変える6つのステップ』（フォレスト出版）によると、人の本質的才能は、大きく10種に分かれるといいます。

そして、自分の特性に合った方向に進んでいくと、才能が自然にあふれ出し、楽しみながらいつのまにか成功していくと述べています。

本田さんが挙げた「10の才能」は、以下の通りです。

1　アーティスト

自由、直感、革新、独創を大事にして表現することが得意。

2　クリエイター

創造、独創、先進的でオリジナルのアイデアにあふれている。独自の視点を持ち、新しいコンセプトや企画を思いつくのが得意。

3 問題を解決する人

観察、調査、学習、分析、評価が得意。

4 リーダー

目標を設定し、自ら率先してすぐ行動することが得意。

5 チャレンジャー

新しい可能性や未知の領域を冒険することに興味を抱く。

6 サポーター（縁の下の力持ち）

献身的で、責任感が強く、誰かの夢や目標を達成するのを助けたり、応援したりすることに喜びを感じる。

7 オーガナイザー（まとめ役）

物事を正確に処理し、バランス感覚に優れ、チームの調和や利害関係のとりまとめに貢献。

8　物を作る人

現実的で、実際的で、行動力があり、自分の手を動かして形にするのが得意。

9　コミュニケーター

人が好きで他者の気持ちを敏感に察する力を持つ。

10　世話をする人（癒やす人）

人が好きで、温かい心を持つ。悩みや困難に直面している人を放っておけない。

この分類を活用し、自らの才能の大まかな方向性について、考えてみるといいでしょう。もし自分ではあまりイメージできなければ、家族や友人など身近な人に聞いてみるのがもっとも確かです。周囲の人というのは、時に自分では気づいていないような一面を見抜いているものです。

「好き」と「得意」を組み合わせる

自分の才能の大まかな形が見えてきたなら、好きなこと、やりたいことでそれを生かすにはどうしたらいいいかも、想像してみます。

この際に重要なのは、できるだけ可能性を広げることです。

書く、話す、分析する、企画する、販売する、プロデュースする、人を支える、話を聞く……。

自分がやりたいことを実現する上で、自らの才能と重なり合う部分がきっとあるはずです。

僕の場合は、音楽とアートで世界を変えるという軸に、自らが得意なことを組み合わせて、現在は次のようなプロジェクトを行っています。

・ミュージックアートプロジェクト「PAYFORWARD」
・アート創作活動プロジェクト
・動画バラエティ番組「RYOTA・PRODUCE」
・村づくりプロジェクト
・インフルエンサー育成プロジェクト
・慈善事業プラットフォームプロジェクト
・起業家発掘・育成プロジェクト
・出版、電子書籍プロジェクト
・映画フェス統括

こうした事業を通じてわかったのは、事業そのものが、世界を変えるためのメッセージになるということです。

僕ははじめは音楽をやりたくて、ミュージシャンを目指していたわけですが、「世界を変える」という目的は、音楽だけにこだわらずとも、自分の知名度さえ高まっていけば、さまざまなルートで達成できます。

逆にいえば、ミュージシャンであっても、アーティストであっても、影響力を持たなければ、何も変えることはできません。

それぞれの事業領域で知名度を高めつつ、それらを統括するものとして自分のブランドを作っていく。

そうすることで、世界を変えられる力がついてくると考えています。

音楽とアートで世界が変わる

ここで、現在僕が行っている活動の一部を、紹介したいと思います。

「はじめに」でも少し触れましたが、現在もっとも力を入れている活動のひとつが、ミュージックアートプロジェクト「PAYFORWARD」です。

僕が楽曲から映像まですべてをプロデュースし、音楽とアートが融合した作品を、PAYFORWARDという名で発表しています。その世界観や歌詞の中には、世界を変えるためのメッセージが込められています。

PAYFORWARDの曲は、2018年1月からレコーディングを開始して作ってきました。現在は、PR活動を行っていますが、インディーズでは異例となる、約1億5000万円の予算をつけて動かしています。

2018年の年末には、2000人くらいのキャパシティのところで、ワンマンライブを行います。3年で3倍成長をテーマにしていて、再来年には武道館で1万人規模のライブを開催するのを目指しています（2018年8月現在）。

PAYFORWARDの活動の様子は、ドキュメンタリーとして追いかけ、映画化しています。現在は第一弾が劇場で公開されたところで、100人ほどの規模の映画館でしたが、10日間の上映日のすべてが満席となりました。

2018年の冬頃に第二弾、そして2020年には武道館ワンマンライブを収録した第三弾を公開予定です。

PAYFORWARDの影響力がどこまで広がり、世界がどう変わっていくか、注目してほしいと思います。

もうひとつ、紹介したいのは、「アートバトル」というイベントです。

アートバトルは、2001年にニューヨークで誕生し、日本を含む世界8か国で開催されてきました。複数のアーティストが、制限時間内で一斉に作品を制作し、そのパフォーマンスを競います。

日本で前回、開催された時には、コシノジュンコさんらが審査員を務めました。

そんな注目のイベントを、僕が主催する運びとなりました。2018年秋に実施予定で、現在企画を進めています。

このような新進気鋭のアートイベントにも、積極的に携わっていきたいと考えています。アートにもまた、世界を変える力があると信じているので!

14

迷っている間にも誰かが成功していく

可能性を否定ばかりしている。

そんな自分とはセルフトークで今すぐオサラバ！

君はなぜ行動しないのか？

現代は、個人でお金を作るにはいい時代だと感じます。なぜなら、プラットフォームが整っているからです。

僕が起業した際には、個人決済がPaypalくらいしかできないなど、インターネットの世界は今とくらべるとまったくと言っていいほど未発達でした。僕はグラフィックデザイナーということで、ソースコードの読み書きからウェブサイトの構築まで勉強していたため、独自でホームページを立ち上げることができましたが、多くの人はホームページすら持てませんでした。ところが今は、ホームページもECサイトも無料で作れ、誰でもビジネスをすることができます。フェイスブックやツイッター、インスタグラムといったSNSからの発信を通じ、見込み客を集めることもできます。

僕がやり始めた頃よりも圧倒的に環境がいいわけです。

なのになぜ、行動しないのか。

迷っている間にも、世界では誰かがチャレンジをして、成功しています。

自分の思い付きを少ないリスクで試せる時代になっているのですから、とにかく何でもやってみることです。

イメージする力が未来を変える

好きなことがない、情熱がない……。

若い世代から、そんな相談を受けることがあります。


しかし、本当にそうでしょうか。

好きなことで生きていくのを、あらかじめ諦めているだけではないでしょうか。

何事も、やる前から諦めてしまっているので、結果的に好きなこともなく、情熱も持てないのではないでしょうか。

スティーブ・ジョブズは、「顧客は自分が欲しいものをわかっていないので、見せてあげる必要がある」といいました。

実際に消費者は、はじめてiPhoneを見た時に、それが欲しいと強く思い、世界で爆発的に普及していきました。これまで世になく、スティーブ・ジョブズの頭の中だけにあったデバイスが、形になったことで現実世界に飛び込んできたのです。

何をやりたいかわからない人は、諦めていることにも気づけないのかもしれません。

iPhoneの発売前のように、自分の欲しいものが未だ潜在意識から出てきていないため、それがどんな形をしているかすらわからず、何となく「好きなことがあったらいいけれど、あったところでそれで生きられるわけではない」と、思ってしまっているのではないでしょうか。

自分の潜在意識の中にある「好きなもの」「理想の未来」を引っ張り出すには、

とにかくイメージすることを繰り返すしかありません。

素敵なイメージを持ちましょう。

そのイメージで心が躍れば、そこに向かって自然と導かれます。

例えば、雑誌に載っているようなおしゃれなライフスタイルを、何となく「いいなあ」と思うのであれば、それを実現している自分を妄想します。

自分はどんな生活がしたいのか？
自分は何に価値を感じるのか？
自分には何がふさわしいか？
自分はどこにいれば快適なのか？

このような視点から、当てはまるモノやコトに出会ったら、それを実現した自分の姿をできる限り具体的にイメージするといいと思います。イラストにしたり、メモとして残したりするのも効果的です。

そうしていくつものイメージが折り重なっていくと、次第にひとつの理想の未来の形が、立ち現れてくるはずです。

まずは自分の心の潜在ニーズに気づくのが大切なのです。

前向きな「セルフトーク」を習慣化する

何が欲しいか実感できなければ、手にすることはできません。また他の人もあなたが何を欲しいかわからなければ、協力できません。

これで生きていきたい、こんなふうになりたい、とわかってはじめて、それを行動に移すことができるわけです。

そして、そのためにお金が必要なのか、人が必要なのか、仲間が必要なのか、自らの人生に必要なカードが見えてきます。

なお、イメージをする際にひとつ注意すべきは、不可能であるとは考えないことです。

「どうせ無理だから」「到底なれっこない」などと勝手に自分の可能性を否定して、イメージすら描けないようでは、間違いなく現実に叶えることはできません。

『思考は現実化する』（ナポレオン・ヒル著）などでも書かれていますが、成功者はみな「思ったことは実現する」と信じているもの。日本が誇る経営者である稲盛和夫さんも『生き方』（サンマーク出版）で「やがて夢と現実の境目がなくなって、すでに実現したことであるように、その達成した状態、完成した形が頭の中に、あるいは目の前に克明に思い描けるようになる」と述べています。

これまでの自分の経験や、周囲の声に惑わされることなく、自由にイメージを広げていく。

そうしてはじめて、未来は動き出します。

ここで、ネガティブ思考に陥らないためのコツをひとつ、お教えしましょう。

人間は24時間のうち、実に4万回以上、頭の中で自分との会話をするそうです。

この「セルフトーク」には、ネガティブなものとポジティブなものがあります。

そして人間の脳は保守的にできているため、放っておくと「できないかもしれない」というネガティブな会話が多くなります。

これをポジティブに変える必要があります。

辛いな、きついな、もう無理だ……。

こうした思いが頭に浮かんだら、それを意識的に、前向きなものに変えます。

まだ大丈夫、もっとできる、自分はこれを乗り越えられる。

そうしたセルフトークへと書き換えることを繰り返すと、次第にそれが習慣化され、自らのイメージを現実のものとする力を与えてくれるでしょう。

15

心躍るイメージがすべての始まり

先を意識した逆算思考と徹底した情報収集でワクワクする未来を手に入れる。

真似をすることでイメージが現実化しやすくなる

繰り返しになりますが、生き方を考える上で、まず重要なのはイメージです。

僕の場合は、ストリート雑誌やアート雑誌で、「この人カッコいいなあ」「こんな生活に憧れるなあ」というものを一つひとつ組み合わせていったものが、現在の在り方の基盤となっています。

プーケットに住みたいなあと思ったのも、サーファーのライフスタイルに憧れていたから。世界を飛び回って仕事をするという生活もウォール街のビジネスパーソンからの影響です。

逆にいうと、これまでにないようなまったく新しいライフスタイルは、なかなかありません。

おすすめは、ライフスタイル系の雑誌を見ることです。その中から、自分の生き方を〝発見〟していくのが、もっともやりやすい方法だと思います。先人が実際にそうして暮らしており、写真なども多用されていますから、具体的なイメージが持ちやすいです。

そうして具体的にイメージするのが非常に大切であるということは、脳科学的にも明らかになりつつあります。

マクドナルド、マイクロソフト、ウォルト・ディズニーなどの経営陣にアドバイスを行ってきたマーケティングのプロであるマーチン・リンストロームは著書『買い物する脳 驚くべきニューロマーケティングの世界』（千葉敏生訳／早川書房）の中で、次のようなことを述べています。

・最近の脳科学の研究において、人間の脳の「下前頭皮質」および「上頭頂小葉」をスキャンすると、自分が動作をした時だけでなく、他人が動作を行うさまを見た時にも、これらの領域が活性化することがわかっている。

・サッカーワールドカップで日本代表選手がゴールを決めると、実際にプレーをしていない観客やテレビの前の視聴者も自然にガッツポーズをしてしまうのはなぜか。

映画を観ていて主人公が涙を流し始めると、自然に涙がこみ上げてくるのはなぜか。

フィギュアスケートの演技や世界的なピアニストの演奏を聴くと、優雅さや美の感覚が体中を駆け巡るのはなぜか。

他人の動作を見ると、あたかも自分自身がその動作を行っているかのような感覚になるという脳の特性があるからである。そうした他人の行動を疑似体験させるような神経細胞を、「ミラーニューロン」という。

・ミラーニューロンは、感情を司《つかさど》る領域（大脳辺縁系）に信号を伝えるため、他人の感情や反応に共感し、他人の身になることができる。さらに他人の動作を見た時だけでなく、その動作を文字で読んだ場合などにも活性化することがわかっている。

・ミラーニューロンは生来的に備わっている。例えば生まれて間もない赤ちゃんに向かってベエと舌を突き出すと、赤ちゃんもまねしてその動作を繰り返す場合が多い。

こうした脳の特性からいえるのは、他者の人生であっても、具体的にイメージするほど、脳は「自分の人生である」と錯覚し、そこに自らを重ね合わせやすくなるということです。

脳が「現実のもの」と認定すれば、「自分には無理」「どうせそうはなれない」などといった諦めが消え、自然に「どうすれば実現するのか」というポジティブな思考を持つことができます。

時間が未来から流れてくる逆算の思考法

雑誌などに載っている他の人の「現在」を、自分の「未来」と重ね合わせることで、そこに向かうための道筋を描きやすくなります。

例えば、水を飲もうという未来を意識した時には、戸棚からコップを出し、それに水を入れ、コップを握って、口に運ぶという流れが浮かんでいるはずです。

同様に、自分の未来をイメージする際、他の人の事例を確認することで、そこに至るまでの流れが見えてきます。もちろん、その人とまったく同じようにはいきませんが、それでもいくつもの他人の事例を見ていけば、自分との共通点や、できそうなことが必ずあるものです。

もうひとつ、大切なのは、発想の流れを変えることです。

現在から未来を見るのではなく、未来から現在を見る視点を持つと、実現できる可能性が高まります。

具体的には、「AだからB」と思い込んでいる思考を「BだからA」に変換します。

「お金が心配だから、スクールに通えない」↓「スクールに通うから、将来お金が稼げる」
「疲れているから、運動できない」↓「運動するから、疲れない身体が手に入る」
「休みがないから、旅行に行けない」↓「旅行のために、休みを取る」
「自信がないから、結果がでない」↓「結果を出せば、自信がつく」

このような未来型の思考は、世にない新たなビジネスを生み出したり、組織で革新を起こしたりする際にも有効です。

誰もがイメージを具現化する力を秘めている

常に時代の先を行き、自動運転車やロケット開発など〝ぶっ飛んだ〟発想をするアメリカの実業家、イーロン・マスクは、ＳＦ映画を浴びるように観ていたといいます。

それに影響を受けたことが、本気で火星に人類を移住させる、世界の人々が宇宙旅行をして楽しむ、というイメージにつながっているのでしょう。一般的な感覚では、7000万～2億3000万キロも離れた火星に人類が住むというのはまだまだ想像できませんが、イーロンの頭の中ではすでに絵が描けているのかもしれません。

また映画やエンターテイメント作品は、想像力の宝庫です。

僕は、クリストファー・ノーランの映画作品が好きで、そこに描かれている想像力豊かな表現にいつも刺激を受けています。

なお、彼は映画を作る過程で専門家を呼び、素粒子物理学、五次元世界、ワームホールといった最先端の理論を聞いた上で、頭の中の妄想を具体的に現実世界へと落とし込んでいくといいます。

SF作品やアニメで登場した「未来」で、現実のものになっているのはいくつもあります。

日本を代表するSF漫画のひとつである、「ドラえもん」。そこに出てくる、未来の秘密道具は、たくさん現実化されています。

例えば、髪の毛などをセットすると、その人物に関する情報を教えてくれる道具「アンケーター」は、自宅で唾液などを採取して送れば、生活習慣病や肥満タイプなど、何百種類の情報がわかる「遺伝子検査キット」と近いです。

糸でつながずとも話ができる「糸なし糸電話」は、ずいぶん以前に携帯電話として実現されています。

宇宙に存在するあらゆる情報が詰まっていて、端末機に打ち込むと情報が出る「宇宙完全大百科と端末機」は、「Google検索」として形になっています。

こうした事例から明らかなのは、人間には、イメージを具現化する力があるということです。

人生という点でもまったく同じで、自らが理想の人生を思い描く力が強いほど、それを実現できる可能性は高まっていきます。

読書の効率化で素早く情報収集

現在では、動画でもたくさんの情報が発信されていますが、個人的には、もっとも情報処理がしやすいのは最終的に文字だと感じています。前述の通り、脳科学の世界では、「文字で読んだ場合にもミラーニューロンが活性化する」ということがわかっています。

僕がもっとも活用してきたのは、紙の本です。18歳の頃、本を買うお金がなかったので、東京は池袋のジュンク堂で1日中本を立ち読みして、「自分探し」をしたものです。以降ずっと、本からたくさんのインスピレーションを得て、ここまできました。

僕の読書スタイルは、乱読。その時の興味ある事柄や、心のおもむくままに本を手に取ります。

ただ、後で本棚を見直してみると、哲学、考古学、脳科学、歴史、ライフスタイルのジャンルの本が多くあり、そのあたりに自分の興味関心があることがわかりました。よく「本棚を見ればその人のことが見えてくる」といいますが、本当だと感じます。

本の読み方にはさまざまな方法があります。なかでも僕は「フォトリーディング」を利用しています。

まずはざっと文字を眺める感じで、どんどんページをめくっていきます。さっとページ全体を見て、一秒も経たないうちにめくります。そのスピードで実際に文章を読めるわけではないのですが、ただ眺めるだけで、その文字情報は一枚の写真のように脳内にイメージとして残ります。

そうして一冊終わったら、そこで休憩を挟みます。そうすることで、脳に情報が定着するといいます。

その上で、もう一度本を開き、今度は文章を頭に入れながら読んでいきます。

一見すると、二回読んでいるようで効率が悪く思えるかもしれません。しかし、一度イメージを残しておくと、二回目に読むスピードは通常よりも格段に速くなり、また重要な項目がずっと頭に記憶できたりします。また、必要ではない情報を読み飛ばせるなどもできるため、非常に効率的に読書ができます。

僕はこのやり方で、多い時は1日7冊ほどの本を読んでいます。

このように、僕は主な情報源として紙の本を活用してきましたが、それ以外でも常に情報に対してアンテナを張ってきました。

デザイナー時代には、知りたいジャンルの最新情報をまとめてチェックすることができる「RSSリーダー」を利用し、海外の新しいデザインなど毎日2000以上チェックしていました。寝る前には必ず、世界のアートの動向を調べ、表現技法やトレンドを参考にしていました。

まだインターネットビジネスについてあまり知らず、何も武器がない状況の時には、SNSで自分が知りたい情報を持っている人のページを調べ続けていました。現在でも、ツイッターでリストを作っていて、自分が知りたい情報を持っている人々のツイートがタイムラインで流れるようにしてあります。

生き方に迷ったとき、事態を打破してくれる要となるのは、情報です。いかに多くの情報と接し、そこから自分の興味関心をピックアップできるかによって、人生の質が大きく変わってくると思います。

第5章

世界を変えるための挑戦

16

僕は「共創」できる「独立国家」を作りたい

ひとつの体験をシェアし、一緒に作り上げる文化と
裕福でなくても共に生きる喜びのある社会を目指して。

資本主義の主役は企業から個人へ

ここからは、僕が思い描く未来のビジョンと、それにつながる今（2018年8月現在）の状況について、述べていきたいと思います。

前述した通り、これまでの資本主義社会の主役は、企業でした。

しかし、「インフルエンサー」などに象徴されるように、これからは、大企業に代わって個人が資本主義の中心となっていくと見られています。

『シェアリングエコノミー Airbnb、Uberに続くユーザー主導の新ビジネスの全貌』（アルン・スンドララジャン著、門脇弘典訳／日経BP社）という本で詳しく述べられていますが、今後の世界では「シェアリングエコノミー」という経済システムが主流になっていきます。

シェアリングエコノミーとは、物・サービス・場所などを、多くの人と共有・交換して利用する社会的な仕組みです。自動車を個人や会社で共有するカーシェアリングなど、ソーシャルメディアを活用して、個人間の貸し借りを仲介するシェアリングサービスは数多く登場しています。

「シェアリングエコノミー」は、次のような特徴を備えています。

・中央集権的組織や「ヒエラルキー」よりも大衆の「ネットワーク」が力を持つ。資本と労働力を供給するのは、企業や政府ではなく分散化された個人となる。ゆくゆくは取引を仲介するのも、中央集権的な第三者ではなくクラウドベースの分散型市場となる可能性がある。

・パーソナルとプロフェッショナルの線引きが曖昧。車での送迎や金銭の貸し借りといった、従来「私的」とされてきた個人間の行為が労働とサービスの供給源となり、しばしば商業化・大規模化する。

・フルタイム労働と臨時労働、自営と雇用、仕事と余暇の線引きが曖昧。伝統的にフルタイムとなっている仕事の多くは、案件ごとに拘束時間や稼働率、従属度、独自性のレベルが異なる請負仕事に取って代わられる。私有物、実店舗、現金取引、出社が前提の常勤職は消え、共有財産、インターネット販売、仮想通貨取引、柔軟性の高いオンデマンド労働が増えていく。

すでに現代において、個人の力は増大しつつあり、これまで見向きもされなかった個人の発信する情報が、世の中に大きなインパクトをもたらす状況にシフトしています。インターネットビジネスにおけるインフルエンサーなどは、その典型例です。こういった流れは加速度的に高まり、ますます個人が社会に影響力を持つようになっていくでしょう。

「独立国家」を作るワケ

マーケティング的な観点から消費の傾向を見ると、20世紀は「ハイパー消費」の時代で、21世紀は「コラボ消費」の時代ともいわれています。消費活動を左右するのは以下の要素です。

【ハイパー消費　20世紀】

信用
広告
所有権

【コラボ消費　21世紀】

評判（信頼）
コミュニティ
共有アクセス

21世紀型の消費活動は、インターネットを利用してつながり、結びつき、グループとなり、モノや人を見つけて〝多対多〟の個人間の関わりを生むものです。
今後、コラボ消費はさらに一般化していくと予想できるため、インターネット上でも、リアルでも、各個人、各コミュニティといった〝個〟の影響力が増し、消費活動に直結するようになるはずです。

そんな背景もあり、僕が未来を描く上での核としているのが、小西玲太朗という個人の影響力の拡大と、小西コミュニティの成長です。

そして今、僕は、「独立国家」を作ろうとしています。

誰もが喜びと共に生きられる社会へ

独自の経済圏と通貨を持ち、日本という国や、他の誰かに依存せず自由に暮らせるリアルコミュニティ。

それが、僕が目指す独立国家の概念です。

ただ、いきなり独立国家といっても見掛け倒しになりかねないので、プロジェクトとしては「村づくりプロジェクト」と呼んでいます。

そもそもなぜそんなコミュニティを作ろうとしているかといえば、お金以外に価値を見出し、つながりを大切にするような人が増えるほど、明日の世界は幸せなものになっていくと考えたからです。

例えば、学生時代の文化祭は、出し物などは多数決で決まり、生徒全員が興味があるわけではないけれど、最後は素晴らしい思い出になる。それはなぜかといえば、結局はひとつの体験をシェアし、一緒に作り上げるという点に、喜びがあるからです。

マレーシアのピピ島にある小さな村では、村民は掘《ほ》っ建《た》て小屋に住み、お世辞にも裕福とはいえない生活を送っていますが、僕がそこを、子どもを連れて歩いていると、みんなが寄ってきて笑顔で食べ物をくれます。その村の住人は心が豊かで、恵み合い、支え合う精神を常に持っていますから、争いも起きません。

そうした、共に生きる喜びのある社会。

僕はそれを「共創社会」と呼び、理想としています。

ただ、いくら理想論を語ったところで、現実のものにはなりません。だから、実際に動いて、共創社会の縮小版になるようなコミュニティを作ることにしたのです。


まず行ったのは、住人たちが暮らす土地を探すこと。

全国を回った結果、2017年11月に、宮崎県に土地を購入しました。

そこから先は、本当に手探りの状態ですが、具体的なプランはいくつかあります。まず、住民の家に関しては、僕のサロンのメンバーのひとりである一級建築士に相談しています。

僕の要望としては、自分で組み立てることができて、発電機能を備えているスモールハウスを、100万円ほどの予算で建てられるようにするということがあります。その家は、コンテナを重ねるような感じで、1階と2階を積み上げられるようにもしたいです。

「1人で組み立てる＋積める」というコンセプトの住宅ではありますが、実際に自分だけで作業するのは大変です。

そこで、時間に余裕のある周囲の住人が無償で手伝ってくれる。

そんな金銭外のつながりを生み出すために、あえてこうした住宅の設計にしています。

再生可能エネルギーの利用も、検討しています。

地熱発電と太陽光発電を組み合わせ、コミュニティ内でほぼ自給自足ができる状態を作っていきたいです。さらに、コミュニティ内で作った電力が余れば、それを売電して運営資金に当てます。その他にも、コミュニティから生まれた商品やプロダクト、デジタルコンテンツをインターネット上で販売して、住人の収入源とします。

なお、国家を目指す以上は、自治権を持たねばなりません。それに関しては現在勉強中ですが、努力して地域へ貢献できれば、不可能ではなさそうということで、手ごたえを感じています。

17

自由であり続けるために必要なこと

ポジティブな感情もネガティブな感情も
あるがままに表現する。そんな世界に浸りたい。

独自通貨を発行し、流通させる

ブロックチェーンをはじめとするIT技術の進歩により、物理的な通貨の必要性が薄れているというのは、第3章でも触れました。

僕のコミュニティでは、物質的な通貨とデジタルの仮想通貨を掛け合わせた、自分たちの国の中の独自通貨を作ります。

そしてそこにブロックチェーンを差し込み、個人がブロックチェーン上で発行した独自コインである「トークン」とします。

こうして現実世界と仮想世界を連動させて管理するわけですが、最初は僕がこのコインの価値を定めなければなりません。そこで、住人から法定通貨を集めてしまうと、金銭的な利害関係が生まれる恐れがあるため、それはあまり望ましくありません。

だから僕は、とりあえず自分のお金を独自通貨に替えた上で、それを無償で住人に配ろうと思っています。

例えば僕が、5000万円分の法定通貨を自分の村のコインに替えて、住人に分配したとします。住人は、コミュニティ内の取引においてそれを活用すると共に、外部の人にもそのトークンを販売することができます。最終的に、コミュニティの生産性や価値が高まっていくほど、トークンの価値は上がります。

ですから、コミュニティおよびそのプロデューサーである僕の影響力が上がっていくと、コミュニティは豊かになります。

ただしそれはあくまで結果であり、最初から「お金を稼ぐ」ことを目的とした集まりではありません。

各自が、コミュニティや僕の価値が上がるような面白い企画を立て、楽しみながら自由に実行していく過程で生まれるつながりや、目標を共有する喜びこそが、最大の報酬といえます。

役割分担で組織力を高める

コミュニティとして組織で経済活動を行う以上、多少の役割分担は必要になってきます。大きなくくりでいうと、以下の2つの役割があります。

・共創というビジョンに賛同し、ついてきてくれる人（共創チーム）
・給料を払って社員として働いてくれる人（資本主義チーム）

共創チームは、ライフスタイルとしてコミュニティに参加してくれる人です。コミュニティで生きることを楽しみ、僕と一緒に世界を変えていくのを楽しんでくれる人々で、基本的には僕をはじめとしたクリエイターのバックアップをお任せすることになるでしょう。もちろん、自ら企画を立案し、動かしていくような人材も大歓迎です。

資本主義チームは、企業でいうところの社員です。コミュニティで発生する作業の中で、専門性が高かったり、誰もが興味関心を持てないものだったりしたら、お金を払ってお願いする必要があります。そうした役割を担ってくれる人も募集します。

さらに細かな役割分担は、その人のタイプや才能によって行われていきます。例えば僕は、アイデアを考えて現実にしていく際、どんどん前に出て行きたい人間ですが、逆にそういうことが苦手で、サポートが得意だという人間もなかにはいるでしょう。

アメリカで「フォーチュン500社」に挙げられる企業の経営やコンサルティングに携わるアドラーグループの創業者、ルー・アドラーは、30年以上にわたり2万件の採用支援の仕事を行ってきましたが、その経験を通じ、人は4つのタイプに体系化できるとしています。

1 「考察者」

戦略家で新製品の創造者。偉大なアイデアや物事の新しいやり方を思いつく人。

2「構築者」

新たなアイデアを手に、そのアイデアを目に見える新たなモノや構造へと変化させていく人。

3「改良者」

新たに創造され構築されたものを改良し、さらによいものにしていく人。

4「生産者」

質の良い製品やサービスを再現性のある形で顧客に提供していくために、絶え間なく仕事を繰り返していく人。

1と2が、いわゆるクリエイティブ系であり、3と4が実務系の役割となります。この1↓4がうまく回ると、組織は成長します。

アイデアを思いつき、現実に変えていくクリエイティブ系は、新しいビジネスや新規事業の立ち上げで活躍しますが、事業が軌道に乗ると、運営維持などは意外に苦手。実際にアイデアが形になり、運営の段階に入れば、実務に強い人の力が発揮されます。

僕は自分のアイデアを形にすることに一番エネルギーが出るタイプで、1と2が得意ですが、3や4が得意な人がいなければ、なかなか思うように結果が出せません。

僕と一緒に共同経営をしている仲間の一人は、他人のアイデアやビジョンをサポートしながら叶えていくことに、喜びや役割を感じるといいます。

みんなが好きなことをやれるよう、現場を整えるほうにやる気が出るというタイプです。

こうしてそれぞれ、やり方や求めているものが違うことで、互いに刺激し合え、相乗効果が生まれます。

僕のコミュニティにおいても、このような分類で各自、才能が発揮でき、常にやりがいを感じられるポジションについてもらおうと思っています。

頭にあるのは漫画『ONE PIECE』のイメージ

コミュニティは、オンラインサロンから始まり、最大3年で1万5000人にします。その中から恐らく100〜200人の「資本主義チーム」候補が生まれ、選定の後、30人ほどと一緒に仕事をするようになるでしょう。コミュニティに移住する「共創チーム」は、40〜70人くらいでしょうか。2018年中には、全国で移住プロジェクトのセミナーをして、賛同してくれる人を集めていこうと考えています。

コミュニティメンバーの募集において、最初はあまり制限をかけないようにしたいところです。多様な立場、多様な才能が集まったほうがおもしろいでしょう。

僕の頭の中にあるのは、漫画『ONE PIECE』です。

主人公であるルフィは不完全。でも冒険の先々でおもしろいことがあって、麦わら海賊団に仲間が増えていく。コックや航海士、医師、音楽家などルフィができないことを得意としている仲間がいて、さらに一緒に冒険には出ないけれどもネットワークとしてつながり、麦わら海賊団を応援してくれる人たちがいる。

そんなイメージで突き進んでいきたいです。


移住に関していえば、個人的には少しサブカルチャーよりの人々が興味を示してくれるのではないかと想像しています。

世の中を憂い、そこから離れてゆったりした生活をしてみたい人や、現代社会に抑圧を感じ、自分の生きていく場所は本当にここでいいのかと、悩んでいるような人には、ぜひきてほしいです。そうした違和感が取り除かれた瞬間から、その人の可能性は爆発します。

世代としては、若者だけではなく、40代、50代も積極的に受け入れていきたいです。若者はパワーがあり、驚くようなことを成し遂げますが、実際にプロジェクトを回していく上では、社会経験において一日《いちじつ》の長がある中年以降の世代の力がきっと必要になります。

そうした世代にきてもらう際のネックになるのは、子どもや家族の問題です。

そのあたりも考慮して、例えば「山に住むのは難しい」というなら近くの町に住めるようにします。コミュニティ外での活動も、自由とします。

ちなみに僕がとても気に入っている点は、宮崎の海の波がいいところ。サーフィンなどマリンスポーツが好きな人は特におすすめです。

なお、メンバー募集の段階から、ドキュメント映画を制作する予定です。文化の醸成や、コミュニティの成長というのが、僕の手を離れた所で自然発生的に起こると期待しています。

感情を解き放ち、自由に生きる

僕自身がどのようにコミュニティに関わるかといえば、自分もプラットフォームの一部として参加します。

ミュージシャンでありアーティストであるというところを強みにして、コミュニティを発展させる上でのインフルエンサーになるわけです。

小西玲太朗という名前を広め、フォロワーを獲得して、小西玲太朗.comで僕の哲学を浸透させていく。それが大きな目標です。

現在は、YouTubeなどでかなりふざけた動画を上げていますが、それもこの目標を達成したいからこそ、あえてふざけているという部分があります。まず自分で率先して行動し、人の意識がぐらつくような企画を作っていきます。

現代社会では、大人になるにつれ、知らず知らずに喜怒哀楽をできるだけ押さえて生きるようになります。特に日本では、社会で感情を表現するのはタブー視されているように感じます。自由に生きるためには、ポジティブな感情もネガティブな感情もあるがままに表現することが大事だと僕は思います。

僕は、自分の感情に素直に、自由に生きています。

「みんなの明日を幸せにしたい」

「世界を変えたい」

そんなことを本気で思い、口にしているのも、感情に対する社会的な抑圧から解き放たれているからです。

「常識だから」「みんながそうだから」という空気に流されてしまえば、自由ではいられません。「そんなことできるわけがない」と考えている人間には、一生何も変えることはできません。

僕はある意味で、自分が自由であり続けるために、世界を変えたいのです。

コミュニティで自分の役割を果たすために、現在から動き出しているのは、小西玲太朗のブランディングプロジェクトです。

そのためのチーム作りの下準備をしています。まず、現在僕が住んでいるタイのプーケットに、1000㎡ほどの事務所を借ります。事務所は、庭も大きく、ビリヤード場があるなど、Google本社の縮小版をイメージしています。

チームに関しては、日本からメンバーを募集して、僕がやろうとしていることをおもしろいと思う人、30~50名で、一緒に働きたいと考えています。

このプロジェクトのゴールは、メンバーがお金持ちになることではないため、成果報酬型にはしません。基本給を支払い、僕のビジョンに沿って働いてもらうことになります。

メンバーは給料の中から自宅を借り、プーケットに移住してもらいます。

ビジネスビザは3か月単位ですが、ビザが切れるタイミングで淘汰していき、残った優秀なメンバーで最終チームを作ります。

僕は今後、アパレル会社や出版社、映画の配給会社などを設立したいと考えていますが、その起点になるのは知名度です。

知名度が上がれば、そういう話は自然に飛び込んできます。その際にいい条件の交渉ができるかどうかは、僕のビジネスマンとしての技量が試されるところですが、いずれにせよ注目を集めなければ、なかなか世の中を変えることはできません。ブランディングプロジェクトも、そこにつながる話です。

プロジェクトが成功し、僕が社会的な影響力を持てば、「コミュニティの価値が上がる」「トークンの価値が上がる」「住人の仕事の価値が上がる」「やれることの範囲が広がる」など、多大なメリットがあり、僕に関わってくれた人たちが幸せになっていきます。

18

アートが熱狂を生み情熱が世界を変える

人生を自由に生きるために、
情熱を持って楽しめることに没頭する。

アートを身近なファッションに

こうしたプロジェクトの成果を通じ、僕が発信していきたいことのひとつは、アートの素晴らしさです。

ここ10年ほどで、インテリアに若者の興味が向いているといいます。お金のない高校生や大学生でも、おしゃれな家具や壁時計を欲しがり、部屋をかっこよくしたいというニーズがあるようです。

それ自体はとてもいいことなのですが、残念ながら「絵画」で部屋をおしゃれに飾る、という発想がありません。日本ではアートを飾る価値観がないからです。

欧米では、気分によって部屋に飾る絵を入れ替えたりします。街を歩けば絵画を扱う店があり、手軽にアートを買うことができます。

壁紙の色を替えるよりアートを飾るほうがダントツにおしゃれだと、僕は思います。だから、アートをファッションにしたいです。そのためには、早く知名度を上げ、影響力をつけなければいけないと思っています。

そして、僕が出る映像なり画像なりの背景に、ものすごいパワーがあるアートを飾ります。映像を見た若者に、「アートはこうやって飾るのか」と感じてもらいたい。そして「アートが欲しい」と思ってくれたら、その人にとってアートがファッション化する第一歩となります。

日本では、絵画は安い物でも5万、6万が当たり前で、若者ではなかなか手が出せません。

だから僕は、「村づくりプロジェクト」において、若者でも気軽に手が届くアートの環境作りも構想に入れています。

コミュニティにアーティスト・イン・レジデンスを併設して、アーティストに作品を作ってもらい、安価に販売したいのです。

今、僕が住んでいるプーケットは、優秀なクリエイターや画家が多くいます。アートのお店がそこら中にあって、アーティストの社会的地位も高いです。

そもそもの物価が安いこともありますが、大きな絵画でも3000バーツ（約

1万円）ほどで購入できます。もし同じサイズの絵画を日本で買ったら、安くても18万円くらいはします。

そのくらいの価格設定を目指しています。

たとえ無名のアーティストの作品でも、気に入った絵画を壁に飾るだけで自らのエネルギーがぐっと高まります。

アートにはそうしたパワーがあるのです。

作家がキャンバスに思いっきり絵の具を塗りたくった時のエネルギーは、絵に込められます。そうした作家のエネルギーが入ったアートに囲まれていると、日常のエネルギーが高まります。

僕も、感銘を受けたアートを購入して仕事場に飾っているのですが、それが目に入る度に、エネルギーが伝わり、気合いが入ります。

宗教的な要素が影響力拡大の鍵

アートという点からいえば、ミュージックもまたアートであり、僕もミュージシャンとして活動していきますが、今後の音楽シーンにおける各アーティストの経済圏は小さくなると思います。

YouTubeやSNSで自由に曲を発表できるようになったことで情報量が飽和し、僕が憧れた80〜90年代のJポップシーンのようにミリオンセラーがバンバン出る状況はもはや遠い過去のもの。国民全員が動くような影響力を、ミュージシャンが発揮するのが難しい時代です。

ただ、逆に情報量が多い中で選ぶわけですから、リスナーとミュージシャンの関係性が深まっていると見ることもできます。

今後は、これまでイメージ先行だったリスナーとミュージシャンの関係がもう少しコミュニケーション先行になってくるでしょう。

アイドルの握手会などもそうですが、コミュニケーションをベースとした関係をもとに、影響力を外に広げていくという意味において、音楽は宗教化していくと思います。

影響力という観点でいうと、世界的に人気のあるブランドや商品と、宗教には共通点が多いものです。先にも紹介したブランディングの世界的権威、マーチン・リンストロームは、世界のさまざまな宗教の14人の著名な指導者にインタビューを行い、それぞれの宗教に共通する特徴や性質を調べたところ、次の10の共通する柱があるとしています。

1 連帯感
2 明確なビジョン
3 敵に打ち勝つパワー
4 感覚へのアピール
5 物語
6 雄大さ

7　布教
8　シンボル
9　神秘性
10　儀式

例えば、サッカーのワールドカップやワールド・ベースボール・クラシックで自国の代表チームが試合で勝利をあげた時。音楽コンサートで感動を分かち合った時。こうした時は、スポーツやアートを媒介として、他者と精神的なつながりが強まります。

これは宗教的感覚に近いものです。

宗教的エネルギーを引き出す

成功している企業やブランドは、明確で強力な使命感を持っています。

80年代中頃、創業間もないアップル社のスティーブ・ジョブズは、「人間こそが、世界の変革の創造者だ。よって、人間はシステムや構造に従属するのではなく、その上に立たねばならない」

というビジョンを掲げました。

このビジョンは、アップルの社員の間で共有され、精神的なつながりを作り上げています。そしてそれがアップルという組織の強さともなっています。誤解を恐れずにいえば、アップルはスティーブ・ジョブズを教祖とするある種の宗教団体という見方もできるのです。

ドバイのブルジュ・アル・アラブやフランスのホテル・ル・ブリストル・パリなど、国賓クラスのゲスト御用達にもなる最高級ホテルや、ルイヴィトン、エルメスといった高級ブランドの旗艦店は、すべて雄大でシンボリックです。

コカコーラやケンタッキーフライドチキンの製造方法は、社員はおろか世界でも数人しか知らないそうで、レシピは厳重な金庫に保管されて神秘性を保持しています。

このように見ていくと、先に挙げた「宗教の10の共通点」が、さまざまな分野で成功を生み出しているのがわかります。

数百万もの熱烈なファンたちによって支えられる商品やサービスは、多分に宗教的なのです。

こうした宗教的エネルギーがあれば、たとえ小さいコミュニティでも、日本を揺るがすニュース、トッピックスを作れると僕は考えています。

そうしたエネルギーを引き出すところまでが、僕のやるべきアート活動であると認識しています。

もちろん、直接宗教を作るわけではありません。前述の世界的に成功している企業のような影響力を作るためには、彼らと同じように宗教的な魅力が必要であると考えているということです。

ひとつのアートで世界が変わった

ここで、アートが宗教的なパワーを持ち、世界を変えた例をひとつ紹介したいと思います。

『ダムネーション』という映画をご存じでしょうか。制作はアウトドア・ブランドで知られる「パタゴニア」。ここでその映画のウェブサイトから紹介文を引用します。

アメリカ全土につくられた7万5千基のダム。

それらの多くは、川を変貌させ、魚を絶滅させ、それにもかかわらず期待される発電・灌漑・洪水防止のいずれにおいても低い価値しか提供していない。むしろダムの維持には高い経済的コストもかかっている。

そんな負の面ばかりのダムを「撤去」する選択が、アメリカでは現実になってきた。

だが「ダム撤去」が当たり前に語られるようになるまでには、「クレイジー」といわれながらも川の自由を求め続けてきた人びとの挑戦があった。彼らのエネルギーにより「爆破」が起こるドキュメンタリー。

アメリカのダムは、現代においてそのエネルギー効率の悪さから、ほとんど活用されなくなりつつあります。

しかしダム自体はそこに残り続け、生態系は戻らない。関連企業が、政治家の天下り先にもなっている……。

そうした現状を嘆いたのが、パタゴニアでした。パタゴニアの創業者はいわゆるヒッピーであり、環境意識の高い人で、企業を拡大させながらも自社が環境のために何ができるかを常に追求し模索してきました。

そんなパタゴニアが、クリエイターに出資して、その調査とアート活動への還元を依頼しました。

クリエイターたちの多岐にわたる調査の結論は、「やはりダムはいらない」というものでした。そして、ダムをなくすためにはどうすべきか、世論を動かすようなアートとは何か、と考えていきます。

最終的にクリエイターたちは、法を犯し、深夜に不法侵入をしてダムに潜入。監視員の目を盗み、ダムの壁に「はさみ」と「切り取り線」の絵を描きました。


それは、大きなニュースになりました。

一体誰が、不法侵入してまでこんなイタズラをしたのか。

世論の注目が集まったタイミングで、「パタゴニア」はクリエイターたちの行動を映画として公開しました。

世論の疑問に対する答え合わせは、映画の中で行われています。

そうしてダムの問題が露呈した後、民間運動が起こりました。

あまりにも世論が大きく動き、クリエイターたちを守れと強く訴えたため、クリエイターたちは無罪放免になりました。

そしてまた、その運動により、実際にいくつかのダムが壊されて、生態系が蘇りました。

一本の映画が、世界を変えた。

ひとつの絵が、未来を変えた。


これこそがアート活動の本質だと、僕は思っています。

そこまでインパクトのあるアート活動を、今の自分ができるかといえば、まだその自信はありません。

ただ、僕の影響力が広がり、ファンの数が増えていけば、数の力を使ってできるアート活動があるはずです。そしてファンたちに、日本や世界の問題に目を向けるように情報発信を行い、関心を高めることが、明日の世界をよりよく変えるための原動力となるでしょう。

「組み合わせ」が独自性を生む

僕の場合は、アートをひとつの柱にしており、それと連動したさまざまなプロジェクトを展開していますが、そのように自らの得意分野とやりたいことを重ね合わせると、ユニークな事業が生まれやすいです。

例えば、次のような組み合わせで、独自のプロジェクトを生んだ人がいます。

・カメラマン＋ミュージシャン＋釣り人
・ライター＋ゴルフ＋アート
・アート＋料理研究家＋バーベキュー運営
・不動産鑑定士＋歴史講師＋街歩き研究家
・サッカーコーチ＋飲食店経営
・カフェオーナー＋読書会主催＋ボードゲーム運営
・塾経営＋競走馬オーナー
・デザイナー＋ビールイベント運営
・パーソナルトレーナー＋家庭教師＋サーファー
・人材派遣業経営＋マジシャン

それぞれがどんな事業を立ち上げたのかは、プライベートな話になってしまうためここでは割愛しますが、こうしていくつかの領域をうまく組み合わせるというのが、今後の成功のための鍵となると思っています。

そして、ここまでで度々述べてきた通り、自分中心の視点では、ビジネスを成功させることはできません。「他者が求めるもの」を満たすというのを前提条件とした上で、組み合わせを考える必要があります。

情熱こそ世界を変える源泉

成功をつかみ取り、成功者であり続けるためには、どうしたらいいのか。

人生を自由に生きるには、何が大切なのか。

最終的には、「情熱を持って楽しむこと」に尽きるのではないかと、僕は考えています。

中国の思想家・孔子の『論語』に、「これを知る者はこれを好む者に如《し》かず。これを好む者はこれを楽しむ者に如かず」という言葉があります。

どんなに優れた知識や熟練した技術を持っている人も、そのことが好きだという人には敵《かな》わない。そのことが大好きだという人も、それを楽しんでいる人には敵わないということです。

僕の場合、情熱を持って楽しめるのは、自分が前に出て行くタイプの物事です。単純な裏方作業ばかりしていた若き日々には、心がすり減り、自由とは程遠い生活しかできませんでした。なぜなら、そこには情熱も楽しさもなかったからです。

もちろん、それだけが正解ではありません。

僕とはまったく逆に、裏方を楽しみ、そこに情熱を持つ人も、たくさんいると思います。

そんな人はぜひ、裏から僕をサポートしてもらい、一緒に「小西玲太朗」というブランドの影響力を作り上げていってほしいです。そして、「この世界を今よりもよくすること」に情熱を傾けてみてください。

情熱こそが、世界を変えるための源泉です。

生きることを楽しみましょう。

そして自らの人生に、情熱を持ち続けましょう。

おわりに

僕が、人生を通じてやりたいこと。

それは、世界のあらゆる苦しみを、少しでもなくすことです。

貧困、病気、暴力、差別、偏見、そして戦争……世界では、たくさんの人たちが苦しんでいます。僕はそれを、見て見ぬふりはできません。


本書で述べてきた通り、僕がやっているすべてのプロジェクトは、明日の世界を幸せにするためにあります。自分の影響力を高めるのも、コミュニティを作るのも、世界を変え得るだけの力を現実的に持たねばならないからです。

まずは、音楽やアート、事業を通して、善意をペイフォワードしていきたいと考えています。今のところは世界から見れば小さな行動ですが、やがては世界でムーブメントが起きると信じて。

そうして自分を主軸としたやり方に加えて、自然に世界が変わっていくようなプロジェクトも手掛けています。

それが、「慈善事業プラットフォームプロジェクト」です。

ハリウッド俳優の慈善事業に注目が集まるように、僕の影響力が高まっていけば、慈善事業をやる際にも、共感してくれる人が多くなります。

ただ、自分の寄付には限界があります。たとえ世界一の金持ちになったところで、人類全員を救うことはできません。

そこで重要になってくるのは、世界中から寄付が集まり続けるプラットフォームを作ることです。

まだ具体的に稼働しているわけではありませんが、寄付が必要な人々と、寄付をしたい人々をリアルタイムにつなぎ、常にお金が流動していく。そんな仕組みの構築を目指しています。

そのプラットフォームにおいて、僕が担う役割は、広報です。

まだ世界中から注目されるほどの影響力はありませんが、いずれ必ずそうなって、プラットフォームの存在をアピールしていこうと心に決めています。

僕の頭の中には、日々たくさんのアイデアが生まれます。それをどうやって現実のものにしようか、考えるのが楽しくて仕方がありません。

世界を変える。

その始まりといえるのは、思考です。

聖母と呼ばれ、愛で世界を変えたマザー・テレサは、次のような言葉を残しています。

思考に気をつけなさい、それはいつか言葉になるから。
言葉に気をつけなさい、それはいつか行動になるから。
行動に気をつけなさい、それはいつか習慣になるから。
習慣に気をつけなさい、それはいつか性格になるから。
性格に気をつけなさい、それはいつか運命になるから。

今の思考が、後の運命となる。つまり、現在の思考を変えることで、未来の運命を変えることができる。

この言葉には、そんな未来の可能性が含まれていると僕は感じています。

本書で記した僕のこれまでの歩みと、何を思考し、どう行動してきたかということが、読者のみなさんの考え方にポジティブな影響を与え、これまでよりも前を向けるきっかけとなったなら、著者として嬉しい限りです。

本書を閉じた瞬間が、行動を始めるその時です。

さあ、自由に生きるための、一歩を踏み出しましょう。

２０１８年9月　プーケットにて　小西玲太朗

小西玲太朗（こにし・りょうたろう）

海外在住ビジョナリーアーティスト。

アニメーターとタッグを組んだ作品が、第15回文化庁メディア芸術祭で優秀賞（2011年）、第13回新国際ニコニコ映画祭大賞とユーザー賞を受賞（2010年）、ニコニコ動画デイリーランキングでは総合ランキング1位を獲得し、累計再生数は300万を超える。グラフィックアーティストとしても活躍し、amanaグループ関連グラフィックアートコンテストではグランプリを受賞し、大手ゲーム会社やメジャーレコード会社のプロダクトデザインおよび、人気アパレルブランドへのアート提供など、独自の世界観が注目される。

その後、より広範な選択肢を得るためには資金が必要だと起業を決意。紆余曲折を経て年商30億を誇るクリエイティブ関連グループ企業体を創り上げ、2017年に代表を引退。0から1をクリエイトするライフスタイルの追求のため、日本からタイのプーケットに移住する。移住後は独自レーベルを設立し、自身の音楽プロジェクトPAYFORWARD（ペイフォワード）の創作活動を開始。コンポーザーとシンガーを兼任する。独自性ある活動は高く評価され映画化が決定し、劇場公開された。2018年7月にはアルバムリリースに際し、新人としては異例の渋谷ジャックを敢行。テレビ出演等あらゆるメディアで取り上げられ話題騒然となった。これまで、デザイナー・アーティスト・経営者と様々なキャリアを積んだ事で確立された「絶対共創主義」の概念から、透明性の高い世界規模のチャリティー活動や自給自足と絶対共創主義の文化を持った村開発も始めている。クレイジーでありながら一つひとつ確実に結果を積み上げる、ビジョナリーアーティスト兼プロデューサーである。

出版プロデュース／株式会社日本経営センター
出版マーケティング／株式会社BRC

編集協力／國天俊治
本文デザイン・DTP／辻井知（SOMEHOW）

君《きみ》が迷《まよ》っている間《あいだ》にも世界《せかい》の誰《だれ》かが成功《せいこう》していく 〈検印省略〉

2018年 9 月 25 日 第 1 刷発行

著 者――小西 玲太朗（こにし・りょうたろう）
発行者――佐藤 和夫

発行所――株式会社あさ出版

〒171-0022 東京都豊島区南池袋 2-9-9 第一池袋ホワイトビル 6F
電 話 03 (3983) 3225（販売）
03 (3983) 3227（編集）
F A X 03 (3983) 3226
U R L http://www.asa21.com/
E-mail info@asa21.com
振 替 00160-1-720619

印刷・製本 神谷印刷(株)
乱丁本・落丁本はお取替え致します。

facebook http://www.facebook.com/asapublishing
twitter http://twitter.com/asapublishing

ISBN978-4-86667-094-2 C2034